青岡漢詩
청 강 한 시

二集

白南哲

Business & Management Books
비앤엠북스

序 言

青岡詩集의 續刊으로 이번에 第2집이 出刊되었습니다. 先親께서 정년퇴직 후에 쓰신 漢詩의 일부는 생전에 出刊되었고 이때 미처 出刊되지 못한 것과 후에 작업하신 일부가 이번 2집에 담겼습니다. 어느 정도 수준에 도달하기 위해 상당 기간의 硏修가 필요한 漢詩를 先親께서는 비교적 짧은 세월 동안 적지 않은 수의 作品을 남기셨습니다. 건강 등 그 시기적 여건과 환경이 漢詩 작업에 매달리게 했음을 시집을 준비하면서 알게 되어 先親에 대한 애틋한 그리움에 아려오는 感情에 사로잡히곤 하였습니다. 作詩에는 自然에 대한 通察力과 부드럽고 세밀한 詩情이 요구되는데, 오랜 教鞭生活을 통해 쌓인 풍부한 情緒의 그릇에서 흘러나오는 先親의 漢詩 내용은 優秀하고 그 根本作心이 明淨하다고 일찍이 先親의 門下生이었던 趙圭卨 文學博士가 극찬한 바 있습니다. 이렇게 훌륭하고 의미 있는 漢詩를 남겨주신 先親의 지극한 誠心은 後孫들에게 참된 가르침을 주셨다고 믿으며 모두의 覺醒의 기회로 보고 先親께 맹서함을 誥합니다. 詩集을 준비하면서 後孫들은 先親을 回顧하는 아주 소중한 시간을 가졌습니다.

長孫 白宙鉉
次男 白武基
三男 白寬
四男 白弘基

- 白南哲 -

차 례

停年退任
정 년 퇴 임

弱冠就任執教鞭 歲積近於五十年
약 관 취 임 집 교 편 세 적 근 어 오 십 년

奉職轉轉行何地 結緣其數十餘連
봉 직 전 전 행 하 지 결 연 기 수 십 여 련

一身到處英才集 相交友人總碩賢
일 신 도 처 영 재 집 상 교 우 인 총 석 현

白髮老軀離此業 清廉純直欲他傳
백 발 노 구 리 차 업 청 렴 순 직 욕 타 전

약관에 직에 나아가 교편 잡으니
세월 쌓이기를 어언간 오십년이라
봉직전전하야 어떤 땅에 갔던고
인연 맺은 곳 열이 넘도다
일신 이른 곳 영재 모이고
새로 사귄 벗 다 크게 어질도다
백발 늙은 몸 이 업을 떠나
청렴하고 순직함 타에 전하고자 하노라

謹次迎月堂重建韻 영월당 중건을 맞이하며
근 차 영 월 당 중 건 운

自唐偉德渡來東 忠國愛民苦樂同
자 당 위 덕 도 래 동 충 국 애 민 고 락 동

昔日迎堂營復建 多年鄕里振遺風
석 일 영 당 영 부 건 다 년 향 리 진 유 풍

後孫繼述情誠裡 先祖靈留紫玉中
후 손 계 술 정 성 리 선 조 령 류 자 옥 중

追慕登臨過彩在 人人誰不敬心通
추 모 등 림 과 채 재 인 인 수 불 경 심 통

당으로부터 덕 높은 분 동으로 건너와
나라에 충성하고 백성 사랑하여 고락을 같이하도다
옛날 영월당 다시 세우니
다년 향리에 끼친 풍속 떨치도다
후손이 이어가는 정성 속에
선조 영혼 자옥산 가운데 머물렀도다
추모하러 올라가니 지난 채색 있고
사람마다 누구나 공경한 마음 통하더라

白露會 韻押 舟頭區愁收 나루터에서 수확을 고대하며
백 로 회 운 압 주 두 구 수 수

琴江如昔泛孤舟 橋上諸車走岸頭
금 강 여 석 범 고 주 교 상 제 차 주 안 두

山綠水淸華麗地 天高地闊勝名區
산 록 수 청 화 려 지 천 고 지 활 승 명 구

凉風瑟瑟時移寬 白首星星自發愁
량 풍 슬 슬 시 이 관 백 수 성 성 자 발 수

五穀豊盛誇却熟 萬人喜色待秋收
오 곡 풍 성 과 각 숙 만 인 희 색 대 추 수

금호강 옛같이 외로운 배 떴고
다리 위 모든 차 언덕 머리 달리도다
산 푸르고 물 맑은 화려지에
하늘 높고 땅 넓어 좋은 곳이로다
서늘한 바람 살살 불고 때로 너그럽고
백수 성성하여 스스로 수심 나네
오곡 풍년 들어 이미 익음 자랑하고
일만 사람 기쁜 빛 추수를 기다리도다

穀雨會 於心遠亭 심원정에서 곡우회 모임
곡 우 회 어 심 원 정

春風吹我我心虛　霧歇長堤草色餘
춘 풍 취 아 아 심 허　무 헐 장 제 초 색 여

大野原頭開酒席　高樓臺下待詩車
대 야 원 두 개 주 석　고 루 대 하 대 시 차

杏花村落人跡少　明月山窓客夢疏
행 화 촌 락 인 적 소　명 월 산 창 객 몽 소

美酒佳肴相歡坐　新香新味感如初
미 주 가 효 상 환 좌　신 향 신 미 감 여 초

봄바람 내게 불어 내 마음 비었고
안개 갠 긴 둔덕 풀빛 많도다
큰 들 머리에 주석 열고
높은 누대 아래 시객의 차 섰도다
행화촌에 사람 자취 적고
밝은 달 산창에 나그네 꿈 서글프도다
미주 가효 서로 기쁘게 앉아
새 향기 새 맛 처음같이 느끼도다

白露會
백 로 회

納涼退暑感何如　親友情招座滿居
납 량 퇴 서 감 하 여　친 우 정 초 좌 만 거

花日綠陰探水石　清風明月講詩書
화 일 녹 음 탐 수 석　청 풍 명 월 강 시 서

雨過大野金波動　花落空庭玉露疎
우 과 대 야 금 파 동　화 락 공 정 옥 로 소

相面歡談因勸酒　夕陽岐路別懷餘
상 면 환 담 인 권 주　석 양 기 로 별 회 여

서늘함 들이고 더위 물리친 느낌 어떠하오
벗의 초청에 자리 차게 있도다
밝은 날 푸른 그늘 수석을 찾고
맑은 바람 밝은 달 시서를 강하도다
비가 지나간 큰 들 금빛 물결 일고
꽃 떨어진 빈 뜰에는 옥 이슬 성기도다
서로 만나 환담하며 술 권하고
석양 기로에 이별 느낌 남도다

穀雨會
곡 우 회

風輕和昶近午天 客子引笻到袖連
풍 경 화 창 근 오 천 객 자 인 공 도 수 련

湖面潺潺如海活 白雲悠悠似飛煙
호 면 잔 잔 여 해 활 백 운 유 유 사 비 연

高樓廣室賢儒滿 長紙先毫士意傳
고 루 광 실 현 유 만 장 지 선 호 사 의 전

勤杯歡談春日盡 夕陽歸友晩乘船
근 배 환 담 춘 일 진 석 양 귀 우 만 승 선

바람 가볍고 화창한 한낮 가까운데
나그네 작지 끌고 소매 연해 이르도다
호수는 잔잔하고 바다같이 넓고
흰 구름 유유히 연기 나는 것 같도다
높은 누각 넓은 방에 어진 선비 차고
긴 종이 붓 끝이 선비 뜻 전하노라
잔 권하며 환담에 봄날 다하고
석양에 돌아가는 벗 배 타기 늦었도다

柳絮 버들개지
류 서

山高池活影凉沈 산 고 지 활 영 량 침	雨歇長堤盛樹林 우 헐 장 제 성 수 림
和日紛紛成白雪 화 일 분 분 성 백 설	垂楊糸糸重靑陰 수 양 사 사 중 청 음
寒家少婦眞綿思 한 가 소 부 진 면 사	豪客丈夫興醉心 호 객 장 부 흥 취 심
美酒佳肴盈喜在 미 주 가 효 영 희 재	鶯歌蝶舞與詩吟 앵 가 접 무 여 시 음

산 높고 못 넓어 그림자 서늘하게 잠겼도다
비 갠 긴 둑 나무 숲 성하고
화한 날 분분한 백설 이루고
수양버들 줄기줄기 푸른 그늘 거듭했도다
한가 소부는 참 솜 생각하고
호객과 장부는 흥에 취한 마음이라
미주와 가효는 기쁨에 차 있는데
꾀꼬리 노래 나비춤은 시 읊음과 같이 있도다

栢浦城 백포산성(찰곡산성)
백 포 성

與朋同伴栢城遊 萬古落江水自流
여 붕 동 반 백 성 유 만 고 락 강 수 자 류

魚躍潛浮淸波渚 白鷗飛下白沙洲
어 약 잠 부 청 파 저 백 구 비 하 백 사 주

俯看一面連連野 遠望北頭點點邱
부 간 일 면 련 련 야 원 망 북 두 점 점 구

城趾不言過去事 夕風歸路客無愁
성 지 불 언 과 거 사 석 풍 귀 로 객 무 수

벗과 짝지어 백포성에 노니
만고의 낙동강 물 스스로 흐르도다
고기 뛰고 잠기고 뜨는 맑고 깊은 물가에
백구 날고 내리는 흰 모래톱이로다
굽어보니 일면이 연연한 들이요
멀리 북쪽 바라보니 점점이 산이로다
성터가 과거사 말하지 않고
저녁바람 돌아가는 길 나그네 수심 없더라

夏 여름
하

百花已盡綠陰成　山麓霧煙近午晴
백 화 이 진 록 음 성　산 록 무 연 근 오 청

廣野平田人影動　樹林深處聞啼鶯
광 야 평 전 인 영 동　수 림 심 처 문 제 앵

夕陽暴照禾漸茂　半夜散雲月益明
석 양 폭 조 화 점 무　반 야 산 운 월 익 명

農樂長短勞不覺　黃昏歸路亂聲竽
농 악 장 단 로 불 각　황 혼 귀 로 란 성 우

백화 이미 다하고 녹음 이루니
산기슭 안개 연기 낮때 가깝도다
넓은 들 평평한 밭 사람 그림자 움직이고
나무숲 깊은 곳 꾀꼬리 소리 들리며
석양 밝게 쪼이니 벼 무성하고
반야 구름 흩어지니 달 더욱 밝도다
농악 장단에 수고로움 깨닫지 못하고
황혼 돌아가는 길 피리소리 요란하도다

領洗禮 於(漆谷聖堂) 영세례(칠곡성당)
영 세 례 어 칠 곡 성 당

入敎今得洗禮榮
입 교 금 득 세 례 영

恩寵無窮我自迎
은 총 무 궁 아 자 영

天主聖心欽仰拜
천 주 성 심 흠 앙 배

信徒誠志施殘生
신 도 성 지 시 잔 생

교에 들어 이제 세례의 영광 얻고
은총 무궁하게 나 스스로 맞았도다
천주 성심 공경히 우러러 절하고
교우들의 정성 어린 뜻 내 남은 생에 베풀도다

除夕 섣달 그믐날밤
제 석

草廬寓居獨不眠 何事老身思惻然
초 려 우 거 독 불 면 하 사 로 신 사 측 연

國外旅中三子女 故鄕念慮又新年
국 외 려 중 삼 자 녀 고 향 념 려 우 신 년

寂宵閒坐一杯酒 深夜與枕醉寢筵
적 소 한 좌 일 배 주 심 야 여 침 취 침 연

萬積煩惱皆忘却 平生歡樂遠悲憐
만 적 번 뇌 개 망 각 평 생 환 락 원 비 련

초려에 우거하여 홀로 잠 못 이루고
모든 일 늙은 몸 생각하니 슬프도다
외국에 여행 중인 셋째 자녀
고향 생각하는 가운데 또 새해 맞는구나
적적한 밤 한가히 앉아 술 한 잔 들고
깊은 밤 비개와 더불어 취해 잠자리 들었네
쌓이고 쌓인 번뇌 다 잊고
평생 즐겁게 살고 슬픔 멀리했도다

穀雨會
곡 우 회

東風揮杖近郊尋 雨歇長堤草色深
동 풍 휘 장 근 교 심 우 헐 장 제 초 색 심

孤犢呼母能破寂 牧童吹笛勝彈琴
고 독 호 모 능 파 적 목 동 취 적 승 탄 금

松林寺下遊覽客 心遠亭中自正襟
송 림 사 하 유 람 객 심 원 정 중 자 정 금

左右翠屛春日暮 雲橫樓上古詩吟
좌 우 취 병 춘 일 모 운 횡 루 상 고 시 음

동풍에 작지 흔들며 근교 찾으니
비 갠 뒤 둔덕 풀빛 깊도다
외로운 송아지 어미소 불러 능히 적적함 깨고
목동이 부는 피리 거문고 소리보다 낫노라
송림사 노는 나그네
심원정 가운데 스스로 옷깃 바로하도다
좌우의 푸른 병풍 봄날 저무는데
구름비 낀 누 위에서 옛시 읊도다

登南漢山城 남한산성에 오르다
등 남 한 산 성

雲淡初夏舊城尋　石築高樓古色澤
운 담 초 하 구 성 심　석 축 고 루 고 색 택

百樹新陰群鳥語　千秋遺恨自彈琴
백 수 신 음 군 조 어　천 추 유 한 자 탄 금

王孫當亂威揮戰　世子捕虜淚滿襟
왕 손 당 란 위 휘 전　세 자 포 로 루 만 금

徧看史蹟昭昭在　夕陽歸客歎詩吟
편 간 사 적 소 소 재　석 양 귀 객 탄 시 음

구름 맑은 초여름 옛 성 찾으니
돌 쌓인 높은 누 옛 빛 깊도다
일백나무 새 그늘 뭇 새 지저귀고
천추에 끼친 한 스스로 거문고 타도다
왕손이 난을 당해 위엄갖춰 싸우고
세자 포로 되어 눈물 옷깃에 찼도다
사적 두루 돌아보니 밝게 있는데
석양에 돌아가는 나그네 한탄하는 시 읊도다

白露會 於達城公園觀風樓下 달성공원 광풍루 밑에서
백로회 어달성공원관풍루하

茲遊宿約定分明　追友聯笻步出城
자유숙약정분명　추우련공보출성

漁弟樵兄湛樂誼　閒雲流水往來情
어제초형침악의　한운류수왕래정

夕陽遲下踈蟬語　塞北先寒早鴈聲
석양지하소선어　새북선한조안성

何恨浮生添白髮　循環公道自隨行
하한부생첨백발　순환공도자수행

이 놀음 숙약이 분명히 정해 있어
벗을 좇아 작지 연해 성을 걸어 나가노라
어제와 초형은 오래 즐김이 마땅하고
한가한 구름 흐르는 물은 오가는 정이로다
석양 늦게 매미 소리 시끄럽고
북쪽 먼저 차서 일찍 기러기 소리 나네
어찌 한스럽게 부생에 백발 더했는고
순환하는 공도라 스스로 따라가리라

秋 가을
추

秋陽今日暖如春　五穀登豊飽野人
추 양 금 일 난 여 춘　오 곡 등 풍 포 야 인

聽水溪邊思瑟曲　看山湖岸忘杯巡
청 수 계 변 사 슬 곡　간 산 호 안 망 배 순

招邀觀菊香無量　驅使雲煙筆有神
초 요 관 국 향 무 량　구 사 운 연 필 유 신

野滿黃波村老舞　凉風美味入吾脣
야 만 황 파 촌 로 무　량 풍 미 미 입 오 순

가을 햇빛 오늘 따스하기가 봄 같고
오곡이 풍년드니 들 사람 배부르리라
시냇물 소리 듣고 비파 곡 생각나고
호변에서 산을 보니 순배를 잊었노라
초청해 맞아 국화 보니 향기 한량없고
운연을 구사하니 붓에 신이 나더라
들에 누런 물결 차고 촌 늙은이 춤추고
서늘한 바람 아름다운 맛 내 입술에 들어오는구나

依高速道上京 고속도로로 상경하다

의 고 속 도 상 경

沿途左右錦江山　深谷秀岡畫幅間
연 도 좌 우 금 강 산　심 곡 수 강 화 폭 간

楓岳松林秋色佳　溪流白石玉如刪
풍 악 송 림 추 색 가　계 류 백 석 옥 여 산

點點村落新裝屋　漠漠平田人未閑
점 점 촌 락 신 장 옥　막 막 평 전 인 미 한

勤勉住民生氣滿　曉星出野暮雲還
근 면 주 민 생 기 만　효 성 출 야 모 운 환

연도 좌우 다 금수강산이요
깊은 골 빼어난 언덕 그림 가운데 있도다
풍악산 솔숲 가을 색 아름답고
시내 흐름 흰 돌 옥을 깎은 것 같네
점점이 있는 마을 새로 단장한 집
아득한 평야에 사람이 바쁘도다
근면한 주민 생기 차고
새벽별에 들에 나가 저문 구름 보고 돌아오네

濟州探訪 제주도를 찾다
제 주 탐 방

國土南端有島閒 海途千里大洋間
국 토 남 단 유 도 한 해 도 천 리 대 양 간

漢拏雲外雄姿出 不測霧中佳峻山
한 나 운 외 웅 자 출 불 측 무 중 가 준 산

萬丈挾才天作窟 青松黃橘錦成斑
만 장 협 재 천 작 굴 청 송 황 귤 금 성 반

昔時謫所幾人擇 灑淚添波盈溢灣
석 시 적 소 기 인 택 쇄 루 첨 파 영 일 만

국토 남단에 한가한 섬
바닷길 천 리 대양 사이로다
한라산 구름 밖 웅장한 자세 나왔고
알 수 없는 안개 중 아름다운 높은 산이라
만장과 협재 천작의 굴
푸른 솔 누런 귤 비단무늬 이루었네
옛날 귀양살이한 이 몇몇이던가
눈물 뿌려 물결 더해 만에 넘치도다

過鳥嶺 새재를 지나다
과 조 령

千峯萬岳插蒼空　太白連山最險崇
천 봉 만 악 삽 창 공　태 백 련 산 최 험 숭

此地嶺湖分水嶺　彼天西京路遐通
차 지 령 호 분 수 령　피 천 서 경 로 하 통

密林老木年深識　苔色關門古態雄
밀 림 로 목 년 심 식　태 색 관 문 고 태 웅

要塞捨而從信法　壬辰寃恨在江中
요 새 사 이 종 신 법　임 진 원 한 재 강 중

일천 봉 일만 산 창공에 꽂았고
태백 연산 가장 험하고 높도다
이 땅이 영남 호남 갈림 재요
저 하늘 서울 길 멀리 통했도다
밀림과 노목은 해가 깊음을 알겠고
이끼 빛 관문은 옛 모양 웅장하구나
요새를 버리고 한신의 배수진법 좇아
임진 원한 강 가운데 있도다

漆谷聖堂
칠곡성당

北在名山玉女峰　明堂聳出聖堂容
북재명산옥녀봉　명당용출성당용

鐘聲慇慇心中振　信友忽忽悔改從
종성은은심중진　신우홀홀회개종

暗黑世間何事倚　無窮教理覺深重
암흑세간하사의　무궁교리각심중

人生大海航難客　博愛相扶苦樂共
인생대해항난객　박애상부고락공

북에는 명산 옥녀봉 있고
명당 솟아나니 성당 얼굴이라
종소리 은은히 마음 가운데 울리고
신도들 홀연히 회개하고 따르도다
어두운 이 세상 무엇을 의지할꼬
무궁한 교리 깊이 거듭 깨닫도다
인생 대해 건너기 어려운 나그네
박애로 서로 도와 고락을 같이 하세

聖誕前夜 12월24일 저녁

성탄전야

待臨今夜滿和堂　暗帳淨中燭自光
대림금야만화당　암장정중촉자광

慇聽晩鐘心淑寂　誦經合掌動慈浪
은청만종심숙적　송경합장동자랑

祭壇尊席光恍惚　供物香煙聖寵彰
제단존석광황홀　공물향연성총창

明曉瑞雲初闢裏　主任聖誕世新昌
명효서운초벽리　주임성탄세신창

대림 오늘 밤 화기가 당에 찼고
어두운 막 고요한 가운데 촛불 스스로 빛나네
은근히 들리는 종소리 마음 적적하고
경 외우고 합장하니 자비 물결 움직이노라
제단 높은 자리 빛 황홀하고
제물 향연에 성총이 빛나도다
내일 새벽 상서로운 구름 처음 열리는 가운데
주님 성탄하시어 세상이 새롭게 창성하도다

親友金昶黙輓 친구 김창묵
친 우 김 창 묵 만

文星一夜落青山
문 성 일 야 락 청 산

落水悲咽寂寞間
락 수 비 인 적 막 간

素志育英東海震
소 지 육 영 동 해 진

晩成輸運西陸連
만 성 수 운 서 륙 련

風雲天地經綸大
풍 운 천 지 경 륜 대

道議堂邊世事艱
도 의 당 변 세 사 간

竹馬之朋何處在
죽 마 지 붕 하 처 재

嗚呼香裏映仙閒
오 호 향 리 영 선 한

문성이 하룻밤에 청산에 떨어져
낙동강 물 슬픔에 목이 메고 적막한 사이라
처음 뜻 교육에 두어 동해에 떨치고
늦게 운수업 이루어 서륙에 연했도다
풍운 천지에 경륜이 크고
도의 당변에 세사 어려웠네
죽마의 벗 어디 있는고
아아 향내 가운데 영선이 한가하구나

偶吟 우연히 읊음
우 음

閑居無意整衣巾　閉戶淸儒不怨貧
한 거 무 의 정 의 건　폐 호 청 유 불 원 빈

玉石非磨無價玉　能言鸚鵡亦可馴
옥 석 비 마 무 가 옥　능 언 앵 무 역 가 훈

猶禽若此隨時習　况士何而莫敎人
유 금 약 차 수 시 습　황 사 하 이 막 교 인

德化育英如雨露　漸看芝草日新新
덕 화 육 영 여 우 로　점 간 지 초 일 신 신

한가로이 살며 뜻 없이 의건 갖추고
문 닫고 있는 맑은 선비 가난 원망치 않노라
옥돌도 갈지 않으면 값 없는 옥이요
말이 능한 앵무도 역시 가르쳐야 가하다
오직 새도 이와 같은데 때를 따라 익히고
하물며 선비 어찌 사람을 가르치지 않으랴
덕화로 육영함은 비와 이슬 같고
차차 보면 지초가 날로 새로워지노라

立春
입 춘

江柳庭梅始潤枝　柔風方悟立春時
강 류 정 매 시 윤 지　유 풍 방 오 립 춘 시

夢醒螯蟹岩間隱　未覺眠蟲地下居
몽 성 오 해 암 간 은　미 각 면 충 지 하 거

新喜郡兒紅顏笑　仁慈孤老白髮悲
신 희 군 아 홍 안 소　인 자 고 로 백 발 비

家家大吉門前飾　所感試吟作一詩
가 가 대 길 문 전 식　소 감 시 음 작 일 시

강 버들 뜰 매화 가지 윤택해지고
부드러운 바람 입춘 때 깨닫게 하네
꿈에서 깬 게는 바위 틈에 숨고
잠을 깨지 못한 벌레 땅 속에 살더라
새로움 기뻐하는 뭇 아이 붉은 얼굴로 웃고
인자한 외로운 늙은이 백발을 슬퍼하노라
집집마다 대길이라 문 앞을 장식하고
느낀 바를 읊어 시 한 수 짓노라

元宵節 음력 정월보름날
원 소 절

今日元宵舊跡香 登丘觀月待時長
금 일 원 소 구 적 향 등 구 관 월 대 시 장

圓容上嶺歡聲動 回屐下村到舞場
원 용 상 령 환 성 동 회 극 하 촌 도 무 장

農樂奏中人自興 板跳交聳疑虹光
농 악 주 중 인 자 흥 판 도 교 용 의 홍 광

古來民俗善多樣 退色現像欲再彰
고 래 민 속 선 다 양 퇴 색 현 상 욕 재 창

오늘 원소절 옛 자취 향기롭고
둔덕에 올라 달을 보니 기다리는 때 길도다
둥근 모습 고개 위에 오르니 환성이 일어나네
발을 돌려 마을 놀이터 이르니
농악 가운데 사람 흥 저절로 나고
널뛰기 번갈아 솟으니 무지갯빛 같구나
고래 민속 여러 가지라
허물어 가는 현상 다시 빛내고자 하네

祝李基東回甲 이기동 회갑을 축함
축 이 기 동 회 갑

六旬遍歷晬當年 雲集尊賓滿祝筵
륙 순 편 력 수 당 년 운 집 존 빈 만 축 연

主士壯容誰謂老 恒心寬大自收娟
주 사 장 용 수 위 로 항 심 관 대 자 수 연

堂中五子崇親孝 天上一桃獻壽前
당 중 오 자 숭 친 효 천 상 일 도 헌 수 전

富貴榮華繁盛裏 家和萬事順成然
부 귀 영 화 번 성 리 가 화 만 사 순 성 연

육순을 두루 지나 돌 해당하니
구름 같이 모인 귀빈 축하 자리 찼도다
주인 선비 씩씩한 얼굴 누가 늙었다 이르리오
항상 마음이 너그러우니 스스로 예쁨을 걷었도다
슬하 다섯 아들 어버이께 효도하니
하늘의 백도를 수연에 바쳤도다
부귀와 영화 번성한 가운데
집이 화하니 만사가 순성하리라

春日登高 봄날 높은 데 오르다
춘 일 등 고

望遠雲霞山色新 路中相面釣荷人
망 원 운 하 산 색 신 로 중 상 면 조 하 인

嶸峰平野風多起 幽谷深林自少塵
영 봉 평 야 풍 다 기 유 곡 심 림 자 소 진

江柳水清遊客會 浦田麥茁勸農春
강 류 수 청 유 객 회 포 전 맥 줄 권 농 춘

偸閑一日登高地 我舞君歌醉秀眞
투 한 일 일 등 고 지 아 무 군 가 취 수 진

멀리 바라보니 운하 낀 산 빛 새롭고
길에서 낚시 띄운 사람 만나도다
높은 봉우리 평평한 들 바람 많이 일고
유곡 깊은 숲 스스로 티끌 적도다
강 버들 맑은 물 유객을 모으고
갯밭 보리 싹 나니 농사철이네
한가함 틈 타 하루 높은 데 올라
나는 춤추고 그대 노래 불러 멋있게 취하네

散策 한가한 마음으로 이리저리 거닒
산 책

閒居斗屋欝懷多 竹杖輕衣忽出家
한 거 두 옥 울 회 다 죽 장 경 의 홀 출 가

登後高岡如古態 眼前平地變華街
등 후 고 강 여 고 태 안 전 평 지 변 화 가

人車來往不知數 荷物送移亦雜加
인 차 래 왕 부 지 수 하 물 송 이 역 잡 가

周察細看時忘去 欲觀奇景夕陽斜
주 찰 세 간 시 망 거 욕 관 기 경 석 양 사

두옥 한가히 지내니 답답한 마음 많아
죽장 짚고 가벼운 옷으로 홀연히 집을 나섰도다
뒤 높은 언덕 오르니 옛과 같고
눈앞 들은 화려한 거리로 변해 가노라
사람과 수레 왕래는 그 수 알지 못하겠고
하물 운송 또한 분잡을 더하더라
두루 살피고 자세히 보니 때 가는 줄 잊고
기이한 광경 보고자 해도 저녁 빛 기울도다

遊於琴江邊 금호강변에 놀다
유 어 금 강 변

名區物色興餘多　魚躍鳶飛鷺下沙
명 구 물 색 흥 여 다　어 약 연 비 로 하 사

烟柳長丘絲絲綠　雲霞山麓點點家
연 류 장 구 사 사 록　운 하 산 록 점 점 가

漁翁荷釣江隨去　商婦戴蔬入市華
어 옹 하 조 강 수 거　상 부 대 소 입 시 화

緩步詩咏休酒樂　不知歸程夕陽斜
완 보 시 영 휴 주 락　부 지 귀 정 석 양 사

이름난 곳 흥겨움 많은데
고기 뛰고 솔개연 날며 백로 모래에 내리도다
연기 낀 버들 긴 둔덕에 실실이 푸르고
구름 나오니 산기슭에 점점이 집이로다
어옹이 낚시 메고 강 따라가고
장사 부인 채소 이고 저자에 들도다
천천히 걸으며 시 읊고 쉬면서 술 즐기고
돌아갈 길 모르는데 석양은 기울도다

仲春 음력 2월

중 춘

窓西花笑鳥啼東 不勝春懷與友同
창서화소조제동 불승춘회여우동

如畵山光徑夜雨 悠垂楊柳帶和風
여화산광경야우 유수양류대화풍

故人共席詩情重 有酒傾樽世患空
고인공석시정중 유주경준세환공

是興未禁遊欲久 無心落照掛嵫紅
시흥미금유욕구 무심낙조괘자홍

창 서쪽 꽃 피고 동쪽에 새 우는데
봄 그리움 이기지 못해 벗과 함께 같이하도다
그림 같은 산 빛 밤 비 지났고
축 늘어진 양류 화풍 띠었도다
벗과 자리 같이하니 시정이 중하고
술 있어 술병 기울이니 세상 걱정 없노라
이 흥을 금하지 못해 오래 놀고파 하는데
무심한 낙조는 서산에 걸려 붉어라

東洛書院參拜 동락서원을 참배하다
동 락 서 원 참 배

偉敎鴻恩四海輝 大哉賢德鄕黨馡
위 교 홍 은 사 해 휘 대 재 현 덕 향 당 비

高明修道崇深極 敦厚學論盡奧微
고 명 수 도 숭 심 극 돈 후 학 론 진 오 미

遺躅聖香誠愼奉 先生秀訓永傳徽
유 촉 성 향 성 신 봉 선 생 수 훈 영 전 휘

昭光塵世千年鏡 幽馥院中萬歲圍
소 광 진 세 천 년 경 유 복 원 중 만 세 위

위대한 가르침 큰 은혜 사해에 빛나고
크도다 어진 덕 향당의 향기로다
높고 밝은 수도 높고 깊음 다했고
돈독하고 두터운 학론 깊고 적음을 다했도다
남긴 자취 성스러운 향기 정성껏 삼가 받들고
선생의 빼어난 가르침 영원히 전해 아름다우리
밝은 빛 티끌 많은 세상에 천년 거울이요
그윽한 향기 원 중에 만세나 둘렀도다

東洛書院
동 락 서 원

洛水東岡祀旅軒　　先生遺德世承掀
락 수 동 강 사 려 헌　　선 생 유 덕 세 승 흔

長江滾滾四時綠　　書院蒼蒼古色媛
장 강 곤 곤 사 시 록　　서 원 창 창 고 색 원

大路過前聖域昶　　遠程參客往來便
대 로 과 전 성 역 창　　원 정 참 객 왕 래 편

高香美下良風起　　願慕鄒魯再現源
고 향 미 하 량 풍 기　　원 모 추 로 재 현 원

낙동강 동쪽 둔덕에 여헌 선생 제사 지내니
선생이 끼친 덕 세세에 우뚝하도다
긴 강 곤곤히 흘러 사시로 푸르고
서원은 푸르고 푸르러 고색이 아름다워라
큰길이 앞을 지나니 성역이 빛나고
먼 데서 오신 나그네 왕래가 편하도다
높은 향기 아름다운데 좋은 풍속 일고
원하건대 추로의 향 재현의 근원되기를 생각하노라

遊大德公園 대덕공원에 놀다
유 대 덕 공 원

大德快晴三月天　景尋草路客筇連
대 덕 쾌 청 삼 월 천　경 심 초 로 객 공 련

松長槐老千秋露　柳垂綠堤十里煙
송 장 괴 로 천 추 로　류 수 록 제 십 리 연

楊枝黃鶯喚友哢　蒼空鴽鳥喜春傳
양 지 황 앵 환 우 롱　창 공 여 조 희 춘 전

優遊晝日山中樂　更約青波擇一船
우 유 주 일 산 중 락　경 약 청 파 택 일 선

대덕 쾌청한 삼월 하늘
경을 찾는 풀길에 나그네 작지 연하였네
긴 솔 늙은 괴목 천추 이슬 머금었고
버들은 푸른 언덕 십리 연기 중에 두루 있네
버들가지 꾀꼬리 벗 불러 지저귀고
창공엔 종달새 기쁜 봄 전하노라
날 다하도록 산중에서 즐기고
다시 청파에 한 배를 택해 언약하노라

遊松林寺 송림사에 놀다
유 송 림 사

賞春期約與君同　今日優遊任東風
상 춘 기 약 여 군 동　금 일 우 유 임 동 풍

芳草路邊人踏綠　桃花園裏鳥啼紅
방 초 로 변 인 답 록　도 화 원 리 조 제 홍

高樓登士吟詩席　古寺入僧講佛宮
고 루 등 사 음 시 석　고 사 입 승 강 불 궁

樽酒相傾何處好　雲霞松下意如通
준 주 상 경 하 처 호　운 하 송 하 의 여 통

상춘을 그대와 함께 같이 기약하고
오늘 동풍에 맞춰 잘 놀았네
방초는 길가에 사람이 밟아도 푸르고
도화는 원 속에 새 울어 붉도다
높은 누 선비 올라 시 읊는 자리
고사는 중이 불경을 강하는 집이네
술 마시기 어디가 좋을꼬
운하 낀 솔 밑에 뜻이 통하더라

於心遠亭 심원정에서
어 심 원 정

追友揮笻入洞天 先賢遺躅洽香筵
추 우 휘 공 입 동 천 선 현 유 촉 흡 향 연

近隣古刹離塵跡 遠陌長林鎭碧炬
근 린 고 찰 리 진 적 원 맥 장 림 진 벽 거

俗世隱居懷意客 名區伴作化神仙
속 세 은 거 회 의 객 명 구 반 작 화 신 선

探詩松下徐徊步 報午磬聲我耳傳
탐 시 송 하 서 회 보 보 오 경 성 아 이 전

벗 따라 작지 짚고 동천에 드니
선현의 끼친 자취 향기 흡족한 자리라
이웃에 있는 고찰은 속을 떠난 자취요
먼 둔덕 긴 숲은 푸름을 진압했네
속세에 숨어있어 뜻 품은 나그네
좋은 곳에서 반은 신선 되었도다
시를 찾아 솔 밑 천천히 걷고
낮 시간 알리는 종소리 내 귀에 전하네

達城公園
달 성 공 원

偸閒今日訪華城　萬物春光樂我生
투 한 금 일 방 화 성　만 물 춘 광 락 아 생

綠樹紅花迎蝶舞　老松靑葉送琴聲
록 수 홍 화 영 접 무　로 송 청 엽 송 금 성

遠山繞市千秋立　長水緩流百里橫
원 산 요 시 천 추 립　장 수 완 류 백 리 횡

勝景優遊相別惜　黃昏客散感愁情
승 경 우 유 상 별 석　황 혼 객 산 감 수 정

한가한 틈 타 오늘 화성을 찾으니
만물이 봄빛이라 내 생이 즐겁도다
푸른 나무 붉은 꽃은 나비춤으로 맞이하고
늙은 솔 푸른 잎은 거문고 소리 보내노라
먼 산 저자를 둘러 천추에 섰고
긴 물 천천히 흘러 백리에 가로놓였네
승경에 잘 놀고 서로 이별 아쉽고
황혼에 손 흩어지니 쓸쓸한 정 느끼도다

散策 한가한 마음으로 이리저리 거닒
산 책

東南風吹盛花時　勝地遊覽最適宜
동 남 풍 취 성 화 시　승 지 유 람 최 적 의

作伴揮笻江岸去　清波流水柳垂枝
작 반 휘 공 강 안 거　청 파 류 수 류 수 지

雲峯秀色連連美　白石翠松面面奇
운 봉 수 색 련 련 미　백 석 취 송 면 면 기

歸路杏村佳酒醉　情談未盡日遲遲
귀 로 행 촌 가 주 취　정 담 미 진 일 지 지

동남풍 불어 꽃이 활짝 피니
좋은 곳 유람하기에 가장 좋도다
짝을 지어 작지 흔들며 강안을 가니
청파유수에 버들가지 드리웠네
구름 봉우리 좋은 경치 연연히 아름답고
흰 돌 푸른 솔 면면히 기이하다
귀로 살구꽃 핀 마을에 미주에 취하고
정담이 미진한데 날 더디도다

於東明樂琴齋 동명낙금재에서
어 동 명 낙 금 재

倦屐偸閒晩上亭　鳥啼溪谷澗流聽
권 극 투 한 만 상 정　조 제 계 곡 간 류 청

杜鵑滿發山容紫　宵雨渝湔野色青
두 견 만 발 산 용 자　소 우 투 전 야 색 청

儒雅古風相樂席　先賢遺躅馥幽庭
유 아 고 풍 상 락 석　선 현 유 촉 복 유 정

盡日優遊歸程遠　影倒斜陽醉未醒
진 일 우 유 귀 정 원　영 도 사 양 취 미 성

게으른 다리 한가한 틈타 늦게 정자 오르니
계곡의 새소리 시냇물 소리 듣도다
두견화 만발하야 산 얼굴 붉고
밤비에 더러움 씻고 들빛 푸르네
선비의 우아한 고풍 서로 즐기는 자리
선현이 남긴 자취 그윽한 향기 나는 뜰이라
날 다하도록 놀고 돌아갈 길 먼데
그림자 늘어진 석양에 취기가 깨지 못했도다

壬戌年 穀雨詩會 於達城公園
임술년 곡우시회 어달성공원

1982년 시회를 달성공원에서

詩仙琴客會西東 或咏或彈意思同
시선금객회서동 혹영혹탄의사동

楊柳欲青連細雨 桃花落地晩春風
양류욕청련세우 도화락지만춘풍

古城華席清遊裏 何處笛聲聽霧中
고성화석청유리 하처적성청무중

日暮陽關何敢免 分衿歸路感虛空
일모양관하감면 분금귀로감허공

시선과 금객이 동서에서 모이고
혹 읊고 혹 타니 의사가 같도다
양류 푸르고자 하니 가는 비 연하고
도화 떨어지니 만춘의 바람이라
옛 성 빛나는 자리 맑게 노는 가운데
어디서 부는 피리소리 안개 속에 들리도다
날 저물어 이별을 어찌 면하리
옷깃 갈라 돌아가는 길 허하고 빔을 느끼도다

又 또
우

山紫水明是我東 觀光春景與君同
산자수명시아동 관광춘경여군동

高儒作伴雲如集 詩賦相吟起古風
고유작반운여집 시부상음기고풍

物色蒼然城郭上 揮毫華軸古樓中
물색창연성곽상 휘호화축고루중

交情厚誼巡杯樂 日暮玆遊世患空
교정후의순배락 일모자유세환공

산 붉고 물 맑은 이 우리 동방
봄 경치 구경을 그대와 같이 하네
높은 선비 짝지어 구름같이 모이고
시와 부를 서로 읊으니 고풍 이는구나
경치 창연한 성곽 위
빛난 축에 휘호하니 고루 중이라
정을 나누고 두터운 의에 술을 즐기고
날 저문 이 놀이에 세상 걱정 잊었도다

偶吟 우연히 읊음
우 음

吾年虛送七旬春　老子習詩自愧人
오 년 허 송 칠 순 춘　로 자 습 시 자 괴 인

園藝與誰相敵手　酒雖病我數杯唇
원 예 여 수 상 적 수　주 수 병 아 수 배 순

山深林盛來棲鶴　野廣草青賴有麟
산 심 림 성 래 서 학　야 광 초 청 뢰 유 린

子教惟難成必事　先行禮道卽修身
자 교 유 난 성 필 사　선 행 례 도 즉 수 신

내 나이 헛되이 칠순을 보내는 봄
늙은이 시 배우니 스스로 남부끄러워
원예는 누구라도 적수 되고
술은 내가 병이 나 두어 잔 하지
산 깊고 숲 성하니 학이 와 깃들고
들 넓고 풀 푸르니 기린이 의지하더라
아들 가르침은 오직 어려우나 반드시 이루어야 할 일
먼저 예를 배우고 곧 몸을 닦는 것이라

偶吟 우연히 읊음
우 음

田墅閒居一得愚　自然爲友百年娛
전서한거일득우　자연위우백년오

開花逢汝川邊座　啼鳥別君柳陌隅
개화봉여천변좌　제조별군류맥우

明月易驚江鷺宿　白雲常撫嶺松孤
명월이경강로숙　백운상무령송고

與朋相樂吟詩席　日暮烟霞倒玉壺
여붕상락음시석　일모연하도옥호

농막에 한가히 사니 어리석음을 얻었고
자연을 벗 삼으니 백 년이 즐겁도다
꽃 필 때 너를 만나 천변에 앉아
우는 새 버들 둔덕 구석에서 그대를 이별하다
달 밝아 놀라기 쉬운 강 해오라기 잠이 들고
흰 구름 항상 어루만지는 고개 소나무 외롭구나
벗과 더불어 서로 즐기는 시 읊는 자리
석양에 연하 끼니 술병을 기울이도다

閒居 한가히 삶
한 거

他鄕難得意中人　僻里易成擇里仁
타 향 난 득 의 중 인　벽 리 이 성 택 리 인

有志故朋摠去遠　無心候鳥自來親
유 지 고 붕 총 거 원　무 심 후 조 자 래 친

閑雲流水何而競　勝地好山夢此因
한 운 류 수 하 이 경　승 지 호 산 몽 차 인

身老白鬢心不老　家貧菽水道非貧
신 로 백 빈 심 불 로　가 빈 숙 수 도 비 빈

타향에선 얻기 어려운 맘에 드는 사람
두메 마을 되기 쉽고 어진 마을 택하노라
뜻 있는 옛 벗 다 멀리 가고
무심한 철새만 스스로 와 친근히 하노라
한가한 구름 흐르는 물 어찌 다투리
승지와 좋은 산 꿈이 이에 인하노라
몸 늙어 백발인데 마음 늙지 않아
집은 가난하여 콩물 마시나 도는 가난치 않다

石榴
석 류

諸菓已生汝晩芽 綠陰五月始開花
제 과 이 생 여 만 아 록 음 오 월 시 개 화

誰家宅隅紅顔笑 樓閣亭前繡錦紗
수 가 댁 우 홍 안 소 누 각 정 전 수 금 사

與友咏詩華酒席 佳人歌舞景佳加
여 우 영 시 화 주 석 가 인 가 무 경 가 가

秋風黃栗斜陽坼 赤口含珠獨美誇
추 풍 황 률 사 양 탁 적 구 함 주 독 미 과

모든 과일 이미 났는데 넌 늦게 싹이 나
녹음 오월 비로소 꽃 피었네
뉘 집 구석에 붉은 낯으로 웃고
누각 정자 앞 비단에 수놓았네
벗과 더불어 시 읊는 빛나는 술자리
아름다운 사람 노래 춤 아름다운 풍경 더했도다
가을바람 누런 밤 사양에 터지고
붉은 입 머금은 구슬 홀로 아름다움 자랑하네

移住六年 이사 와 산 지가 육 년
이 주 육 년

移住六年無一功 笑吾何事此鄕中
이 주 육 년 무 일 공 소 오 하 사 차 양 중

衰毛糸糸成霜雪 瘦骨憂憂拗折風
쇠 모 사 사 성 상 설 수 골 우 우 요 절 풍

二八莫誇容美白 七三難說昔顔紅
이 팔 막 과 용 미 백 칠 삼 난 설 석 안 홍

唯心健在身非合 飮少醉易卽老翁
유 심 건 재 신 비 합 음 소 취 이 즉 로 옹

이주 육 년인데 공 하나 없어
우습다 나 이 향 중에 무슨 일 했는가
쇠한 털 올올이 상설같이 되고
수척한 뼈 바람에 꺾일까 근심이라
이팔청춘은 얼굴 아름다움 자랑마라
칠십세 살 늙은이 옛 홍안 말하기 어렵도다
오직 마음 건재하나 몸은 따르지 않고
조금 마시고 취하기 쉬우니 곧 늙은 처지일세

어린이大公園
대 공 원

侍兄與弟到園看 시 형 여 제 도 원 간	一面連開別有乾 일 면 련 개 별 유 건
絶景佳光談只可 절 경 가 광 담 지 가	豪華物色畵猶難 호 화 물 색 화 유 난
集來兒等顔明眼 집 래 아 등 안 명 랑	各戱樣相愛育歡 각 희 양 상 애 육 환
林路四方探索客 림 로 사 방 탐 색 객	仙筵尋源興未闡 선 연 심 원 흥 미 천

형 모시고 동생과 더불어 공원에 와 보니
일면 연해 열려 별천지 같구나
절경이라 다만 말하기 가하고
크고 빛나는 경치 오히려 그리기도 어렵네
모여든 아이들 얼굴이 명랑하고
각각 희롱하는 모습 사랑스럽고 기쁘도다
숲길 사방 탐색하는 나그네
신선 자리 근원 찾아 흥을 다하지 못했도다

餞春(峨洋樓) 봄을 보내는 마지막날

전 춘 아 양 루

無計留春去自明 夢中無期餞江城
무 계 류 춘 거 자 명 몽 중 무 기 전 강 성

殘花古宅逢新鷰 綠樹深陰喚友鶯
잔 화 고 택 봉 신 연 록 수 심 음 환 우 앵

園裡落花愁感動 溪邊芳草喜含情
원 리 락 화 수 감 동 계 변 방 초 희 함 정

來年消息傳何處 倚託早梅意泰平
래 년 소 식 전 하 처 의 탁 조 매 의 태 평

봄 만류할 계획 없으니 가는 게 자명하고
꿈 가운데 기약이 없어 강성에서 보내도다
시든 꽃 고택에 새 제비 만나고
녹수 깊은 그늘 벗 부르는 꾀꼬리로다
정원 가운데 꽃 떨어지니 슬픈 느낌 움직이고
시냇가 방초는 웃음 띤 정이더라
내년 소식은 어디서 전할고
조매에 부탁하니 마음 태평하구나

江樓上巳(峨洋樓) 아양루에 올라
강 루 상 사 아 양 루

三春春色轉多佳 日暖處處萬樹花
삼 춘 춘 색 전 다 가 일 난 처 처 만 수 화

作伴揮笻人上閣 荷竿收釣鷺槲沙
작 반 휘 공 인 상 각 하 간 수 조 로 사 사

鶯歌柳幕烟霞掩 蝶舞西城日影斜
앵 가 류 막 연 하 엄 접 무 서 성 일 영 사

虛老吾生風塵裏 風飛白髮瘠身嗟
허 로 오 생 풍 진 리 풍 비 백 발 척 신 차

삼춘의 봄빛 아름다움 많고
날 따뜻하고 곳곳에 일만 나무 꽃 피었네
작지 짝 지어 온 사람들 정자에 오르고
낚싯대 메고 낚시하고 백로는 모래밭 거닐도다
꾀꼬리 노래 버들 장막 연하에 가리고
서성에 나비 춤추고 해 그림자 기울었네
헛되이 늙은 내 인생 바람 풍진 속에 묻히고
바람에 날리는 백발 수척한 몸이 서럽구나

登搜勝臺韻(在安義猿鶴洞) 안의 원학동에서
등수승대운 재안의원학동

勝地遊節此地初 高臺兀兀景非疎
승지유절차지초 고대올올경비소

密林老木閒棲鶴 盤石淸潭喜躍魚
밀림노목한서학 반석청담희약어

塵世榮華雲聚散 宇宙妙理月盈虛
진세영화운취산 우주묘리월영허

古來仙跡何坤在 雲霧深村是適居
고래선적하곤재 운무심촌시적거

승지에 노는 시절 이 땅이 처음이라
높은 대 우뚝 솟아 풍경이 성기지 않도다
빽빽한 숲 늙은 나무 한가히 학 깃들고
반석과 맑은 못 고기 즐겨 뛰노라
진세의 영화는 구름 모였다 흩어짐과 같고
우주의 묘한 이치 달 차고 기우는구나
고래 신선의 자취가 어느 땅에 있는가
구름 안개 깊은 마을 이곳 적당하도다

江橋會飮(東村遊園地) 동촌 유원지에서
강 교 회 음 동 촌 유 원 지

名區有約我來先 勝地遊園訪晩年
명 구 유 약 아 래 선 승 지 유 원 방 만 년

近見滄波深似海 遠望靑岳影如烟
근 견 창 파 심 사 해 원 망 청 악 영 여 연

淸江橋脚淸流泛 兩岸懸車兩岸連
청 강 교 각 청 류 범 량 안 현 차 량 안 련

詩賦咏歌猶不足 杏村優作酒中仙
시 부 영 가 유 부 족 행 촌 우 작 주 중 선

명구에 언약 있어 나 먼저 왔더니
승지 노는 곳 만년에 찾았도다
가까이 보니 푸른 물결 깊이가 바다 같고
멀리 청산을 바라보니 그림자가 연기 같네
맑은 강 교각이 청류에 떴고
양안에 달린 차 양안을 연하였구나
시부와 노래가 오히려 부족한데
행화촌에 술 가운데 신선이 되었더라

登居然亭韻 거연정에 오르다
등 거 연 정 운

岩背營亭白雲扃 암 배 영 정 백 운 경	烟霞深洞畵不形 연 하 심 동 화 불 형
連峰聳立天然勢 련 봉 용 립 천 연 세	松壑幽澳地鎮靈 송 학 유 오 지 진 령
牧者笛聲聞樹下 목 자 적 성 문 수 하	虹橋人影照淸汀 홍 교 인 영 조 청 정
永生不忘奇觀憶 영 생 불 망 기 관 억	文士恨多未得銘 문 사 한 다 미 득 명

바위를 등 삼고 정자 지어 흰 구름 빗장하고
골 깊은 연하는 그림으로 형용하지 못하도다
연봉 솟아 서 있는 천연의 형세는
솔 골짜기 그윽하고 땅의 영을 진압했도다
목자의 피리 소리 나무 밑에서 들리고
무지개다리 사람 그림자 맑은 물가에 비췄네
길이 잊지 못할 기관을 생각하고
문사의 많은 한 얻어 새기지 못했도다

五月江樓 5월의 강변정자
오 월 강 루

屨到高樓暑氣微 滿天炎熱不侵扉
구 도 고 루 서 기 미 만 천 염 열 불 침 비

層岩雨露青生苔 水閣清風自脫衣
층 암 우 로 청 생 태 수 각 청 풍 자 탈 의

萬樹深陰鶯歌盛 一橋長掛渡江稀
만 수 심 음 앵 가 성 일 교 장 괘 도 강 희

吟詩華席新開宴 半醉歡談莫是非
음 시 화 석 신 개 연 반 취 환 담 막 시 비

발걸음 고루에 어르니 더운 기 적고
하늘에 찬 더위도 사립을 침노치 못하더라
층암은 비 이슬에 청태 나고
물가 집 맑은 바람 스스로 옷 벗게 하더라
일만 나무 깊은 그늘 꾀꼬리 노래 한창이고
한 다리 길게 걸었으니 강 건너는 이 드물도다
시 읊는 빛나는 자리 새 잔치 열렸고
반만 취해 환담하니 시비는 말아라

思友 벗 생각
사 우

招吾勝地暫君逢 초 오 승 지 잠 군 봉	親愛諸賢不棄儂 친 애 제 현 불 기 농
江水近流來白鳥 강 수 근 류 래 백 조	亭樓高在對青峰 정 루 고 재 대 청 봉
溪邊綠樹知春色 계 변 록 수 지 춘 색	欄外青山似古容 란 외 청 산 사 고 용
召鴈一飛遊有計 소 안 일 비 유 유 계	此情何辭喜追從 차 정 하 사 희 추 종

승지에 초대받아 그대 잠깐 만나고
친애하는 제현은 나를 버리지 않네
강물 가까이 흘러 백조가 오고
정자가 높이 있으니 푸른 봉우리 대하도다
시냇가 푸른 나무 봄빛을 알고
난간 밖 푸른 산 옛 모양 같구나
편지 와서 노는 계획 있으니
이 정 어찌 사양하리 기쁘게 따르겠노라

聽蟬 매미 소리 듣다
청 선

隨候鳴蟬適不遲 山村城郭雨晴時
수 후 명 선 적 불 지 산 촌 성 곽 우 청 시

多年地下螬居土 今日林中鶯上枝
다 년 지 하 조 거 토 금 일 림 중 앵 상 지

飮露一生常自足 出塵化蛻亦眞奇
음 로 일 생 상 자 족 출 진 화 태 역 진 기

高虛活路超凡物 秋報淸音先覺知
고 허 활 로 초 범 물 추 보 청 음 선 각 지

절후 따라 늦지 않게 매미 울고
산촌 성곽 비 갤 때라
다년간 땅속 굼벵이로 있다가
오늘 숲 가운데 꾀꼬리 위의 가지로다
이슬 마시고 일생을 자족하고
티끌에 나와 허물 벗는 것 또한 진기하도다
높고 허한 삶의 길 보통을 초월했고
맑은 소리 먼저 깨닫고 가을을 알리노라

與李斗和兄釜遊 이두화 형과 부산에서 놀다
여 이 두 화 형 부 유

招吾來電日乍晴 下釜逢朋座團成
초 오 래 전 일 사 청 하 부 봉 붕 좌 단 성

夜景海邊花畵闢 朝光蒼波影鷗橫
야 경 해 변 화 화 벽 조 광 창 파 영 구 횡

滿盤珍味人情盡 樽酒溢盃友意誠
만 반 진 미 인 정 진 준 주 일 배 우 의 성

溫水洗塵心快樂 驛前歡送不忘榮
온 수 세 진 심 쾌 락 역 전 환 송 부 망 영

나 부르는 전화 오자 날이 잠시 개서
부산 가 벗 만나 단란한 자리 이루도다
해변 밤 경치는 꽃 그림 열렸고
푸른 물결 아침 빛에 갈매기 그림자 비치더라
반에 찬 진미는 인정 다했고
술이 잔에 넘치니 벗의 정성이로다
온천에 티끌 씻으니 마음 쾌락하고
역전까지 환송해주니 영광 잊지 못해라

登大德公園 대덕공원에 오르다
등 대 덕 공 원

大德山園日晚晴　探勝遊客盛筵成
대 덕 산 원 일 만 청　탐 승 유 객 성 연 성

雨霧天地澗流少　旱魃乾坤未菀莖
우 무 천 지 간 류 소　한 발 건 곤 미 원 경

遠望雲霞千里遠　俯聽溪谷白虫鳴
원 망 운 하 천 리 원　부 청 계 곡 백 충 명

鳥啼人散寒樓寂　惜別斜陽又溢觥
조 제 인 산 한 루 적　석 별 사 양 우 일 굉

대덕산원에 날이 늦게 개니
탐승 유객이 성한 자리 이루도다
비안개 천지에 시냇물 적고
한발 심한 천지에 초목이 자라지 못하더라
멀리 바라보니 운하가 천리나 멀고
구부려 계곡에 벌레 소리 듣도다
새 울고 사람 흩어져 찬 누각 고요하고
해질녘 석별에 또 잔이 넘치는구나

逢故人 벗을 만나다
봉 고 인

請招好意喜頻逢　多感賢君不棄儂
청 초 호 의 희 빈 봉　다 감 현 군 불 기 농

無限蒼波浮舴舶　有霞青岳列高峰
무 한 창 파 부 책 박　유 하 청 악 열 고 봉

世人白髮因公道　猶子紅顔保美容
세 인 백 발 인 공 도　유 자 홍 안 보 미 용

山海珍羞盈馥酒　主翁善對誰能從
산 해 진 수 영 복 주　주 옹 선 대 수 능 종

초청해준 호의에 기뻐 자주 만나고
느낌 많은 그대 나를 버리지 않도다
한없는 창파에 작은 배 띄우고
아지랑이 낀 푸른 산 열봉이 높구나
세상 사람 백발을 공도에 인하고
오직 자네는 홍안 아름다운 얼굴 보전하였네
산해진수 향기 술 차니
주인 대접 뉘가 능히 따르리

金烏山 금오산
금 오 산

勝地金烏景色佳　僅登觀賞老妻偕
승 지 금 오 경 색 가　근 등 관 상 로 처 해

名賢冶隱唯遺跡　亭閣採薇萋草階
명 현 야 은 유 유 적　정 각 채 미 처 초 개

幽谷烟霞如舊在　道仙岩窟似愁懷
유 곡 연 하 여 구 재　도 선 암 굴 사 수 회

澗流枯渴全無水　何處浮雲萬里涯
간 류 고 갈 전 무 수　하 처 부 운 만 리 애

승지 금오산 경치 아름답고
겨우 올라 노처와 같이 구경하였네
명현 야은 선생 오직 자취 남았고
채미정 층계에는 잡초만 우거졌네
그윽한 계곡 연하는 옛같이 있는데
도선암굴은 수심 품은 것 같더라
골짜기 말라 물이 없고
어느 곳 뜬 구름 만리 가에 있도다

閒居 한가히 삶

한 거

白首星星又雪加 可憐餘歲不知遐
백 수 성 성 우 설 가 가 련 여 세 부 지 하

東軒久坐看山月 南國移居憶女家
동 헌 구 좌 간 산 월 남 국 이 거 억 녀 가

梧落庭園鳴蟋蟀 雲晴西嶺夕陽斜
오 락 정 원 명 실 솔 운 청 서 령 석 양 사

愁懷自慰一盃酒 檻外麗花不侈奢
수 회 자 위 일 배 주 함 외 려 화 불 사 치

흰 머리 성성한데 또 눈을 더하고
가련한 여생 알지 못하네
동헌에 오래 앉아 산의 달을 보고
남쪽 나라 이주한 여식을 생각한다
오동잎 떨어진 정원에 귀뚜라미 울고
구름 갠 서쪽 재엔 석양이 기울도다
슬픈 생각 스스로 위로하며 술 한 잔 들고
난간 밖 고운 꽃 사치한 것 아닐세

老松 늙은 소나무
노 송

嶺松孤立氣常淸 령 송 고 립 기 상 청	萬里風塵老一生 만 리 풍 진 로 일 생
迎月烟枝成畫幅 영 월 연 지 성 화 폭	風雲隨葉奏琴聲 풍 운 수 엽 주 금 성
四時不變丈夫節 사 시 불 변 장 부 절	白雪常青君子榮 백 설 상 청 군 자 영
慈愛溫心棲鷺鶴 자 애 온 심 서 로 학	袖長能舞好心情 수 장 능 무 호 심 정

고갯마루 외로운 솔 기운은 항상 맑고
만리 연진에 늙은 일생이라
달 맞은 풍진 가지 화폭을 이루고
바람과 구름은 나뭇잎 따라 거문고 소리로다
사철 변하지 않음은 장부의 절개요
백설 중에 항상 푸름은 군자의 영화로다
자애로운 따스한 마음 백로와 학 깃들고
긴 소매 능한 춤은 좋은 심정일세

偶逢故人 우연히 벗 만나다
우 봉 고 인

莫堪炎暑旱愁深 故友門前不覺尋
막 감 염 서 한 수 심 고 우 문 전 불 각 심

盛夏旅程憐客苦 初秋客里聞鄉音
성 하 려 정 련 객 고 초 추 객 리 문 향 음

歡相談席情盃動 快笑和容醉氣侵
환 상 담 석 정 배 동 쾌 소 화 용 취 기 침

白髮互看多古感 微風蘭馥襲吾衿
백 발 호 간 다 고 감 미 풍 란 복 습 오 금

견디지 못할 더위에 가뭄 걱정 깊은데
벗이 문 앞에 찾아왔네
성하에 나그네 길 고생이 많고
초가을 고향 소식 들었네
서로 기뻐 이야기하는 자리 정배 움직이고
쾌히 웃는 얼굴에 취기가 도는구나
백발 서로 보며 옛 느낌 많고
산들바람에 난초 향기 내 옷깃에 스미는구나

從自然 자연을 쫓다
종 자 연

北邙山見感悲哀 我獨無關獨世廻
북 망 산 견 감 비 애 아 독 무 관 독 세 회

童子川邊魚釣去 老翁林下咏詩來
동 자 천 변 어 조 거 노 옹 림 하 영 시 래

問君何事生難憶 與友優遊上玉臺
문 군 하 사 생 난 억 여 우 우 유 상 옥 대

歲月如流誰可防 斜陽歡送一巡盃
세 월 여 류 수 가 방 사 양 환 송 일 순 배

북망산 바라보니 슬픔 느끼나니
내 홀로 관계치 않고 홀로 세상 돌도다
아이들 냇가에 고기 낚시 가고
늙은이 숲 아래로 시 읊으러 오네
묻노니 그대 어떤 일로 생을 어렵게 생각하는고
벗과 더불어 옥대에 올라 놀아보세
세월 흐름 뉘가 막으리
해질녘 기쁘게 보내며 한잔 하노라

驟雨 소낙비
취 우

旱愁一念倚欄居　　忽起暗雲覆世餘
한 수 일 념 의 란 거　　홀 기 암 운 복 세 여

暴雨雷聲天地動　　强風檐水簾垂如
폭 우 뇌 성 천 지 동　　강 풍 첨 수 렴 수 여

兒童歡呼喧喧樂　　犬子驚而懼懼於
아 동 환 호 훤 훤 락　　견 자 경 이 구 구 어

雨歇新陽華萬物　　蘇生草木舞揚裾
우 헐 신 양 화 만 물　　소 생 초 목 무 양 거

가뭄 걱정하며 난간에 의지해 있으니
홀연히 먹구름 일어 세상을 덮더라
폭우와 뇌성 천지를 움직이고
비바람 처마 물 주렴 드리우는 것 같네
아이들 소리질러 즐거워하고
강아지 놀라 두려워하네
비 개니 새 별 만물 빛나고
소생 초목 춤추는 것 같네

海邊 바닷가
해 변

好海人波自北東	女男老少一筵同
호 해 인 파 자 북 동	여 남 노 소 일 연 동
一長沙白百童戲	千里蒼浪萬里風
일 장 사 백 백 동 희	천 리 창 랑 만 리 풍
瀛廣天清佳景裡	山高水闊畵遊中
영 광 천 청 가 경 리	산 고 수 활 화 유 중
浩然之氣育成適	小志擲投養志雄
호 연 지 기 육 성 적	소 지 척 투 양 지 웅

바다 좋아하는 인파 북동에서 오고
남녀노소가 자리를 같이 했도다
길고 긴 모래밭 아이들 희롱하고
천리 푸른 물결 만리 바람 부노라
바다 넓고 하늘 맑아 좋은 경치 가운데
산 높고 물 넓어 그림 가운데 노노라
호연지기 기르기 좋고
작은 마음 버리고 영웅의 뜻 기르도다

登達城 달성에 오르다
등 달 성

親友追從陟彼岡 遠看郊外事多忙
친 우 추 종 척 피 강 원 간 교 외 사 다 망
黃鶯淸曲靑高樹 魚族明鱗水滿塘
황 앵 청 곡 청 고 수 어 족 명 린 수 만 당
好景名園閒日月 雲間翠栢老炎涼
호 경 명 원 한 일 월 운 간 취 백 로 염 량
咏詩歌唱綠陰裡 林下雅筵一樽香
영 시 가 창 록 음 리 림 하 아 연 일 준 향

벗 따라 저 언덕 올라
멀리 교외를 보니 일 바쁘구나
꾀꼬리 맑은 노래 높은 나무 푸르고
밝은 비늘 고기들 못 물은 못에 찼더라
경치 좋은 동산에 일월이 한가하고
구름 사이 푸른 잣나무 늦더위 서늘하게 하더라
시 읊고 노래 부르니 녹음 속에
숲 밑 아담한 자리 한 술통 향기롭도다

遊於琴江 금호강에 놀다
유 어 금 강

連峰斷處大江回　南望遙天眼忽開
연 봉 단 처 대 강 회　남 망 요 천 안 홀 개

白首爲詩朋又到　山川看麗我復來
백 수 위 시 붕 우 도　산 천 간 려 아 복 래

清風爽快賦吟味　友意多情酒一杯
청 풍 상 쾌 부 음 미　우 의 다 정 주 일 배

談笑優遊已日暮　蒼波汀洲鷺鷗徊
담 소 우 유 기 일 모　창 파 정 주 로 구 회

연봉 끝나는 곳 큰 강 돌아들고
남쪽 먼 하늘 바라보니 눈이 홀연히 열리네
백발이 시를 위해 벗 또한 이르고
산천 아름다움 보고 나 다시 왔노라
청풍 상쾌한데 부 읊어 음미하고
벗 뜻 다정히 술잔 권하네
담소하고 놀다 보니 이미 날 저물어
푸른 물결 가에 백로와 갈매기 배회하노라

偶吟 우연히 읊음
우 음

莒城南畔觀音里 거 성 남 반 관 음 리	偶我移居送晩年 우 아 이 거 송 만 년
世路險難去益險 세 로 험 난 거 익 험	人心阻雜似市邊 인 심 조 잡 사 시 변
日常生活過如夢 일 상 생 활 과 여 몽	殊異娛無唯一眠 수 이 오 무 유 일 면
定志詩歌試賦作 정 지 시 가 시 부 작	自愁憂忘獨晏然 자 수 우 망 독 안 연

거성 남쪽 둔덕 관음마을
우연히 나 이사하여 만년 보내노라
세상 길 험하고 어려워 갈수록 험하고
인심은 거칠어 저자 변두리 같도다
일상생활 꿈같이 지나고
별다른 즐거움 없고 다만 잠만 자네
정한 뜻 별로 없이 시부를 지으니
스스로 수심 걱정 잊고 홀로 편안히 쉬노라

九千洞 구천동 계곡
구 천 동

同伴老妻訪茂州　　九千洞景足遊優
동 반 로 처 방 무 주　　구 천 동 경 족 유 우

白白盤石休仙榻　　曲曲淸流洗客愁
백 백 반 석 휴 선 탑　　곡 곡 청 류 세 객 수

綠樹淨潭人戱浴　　桃園花落畵沈浮
록 수 정 담 인 희 욕　　도 원 화 락 화 침 부

今時此地傾樽息　　塵世萬憂自退猶
금 시 차 지 경 준 식　　진 세 만 우 자 퇴 유

노처를 동반하야 무주를 찾으니
구천동 경치 놀기에 족하구나
희고 흰 반석은 신선 놀던 자리요
굽이굽이 맑은 흐름 나그네 수심 씻었도다
푸른 나무 맑은 못 사람 목욕하고 놀고
도원에 떨어진 꽃 그림이 잠겼다 떴다 하더라
지금 이 땅에 한잔 하고 쉬니
진세에 일만 근심 저절로 물러가더라

鄕愁 고향을 그리워하며
향 수

無意寓居歲月長　老年虛送幾年陽
무의우거세월장　노년허송기년양

心身洛水遊江岸　夢踏優樂古土鄕
심신락수유강안　몽답우락고토향

懇憶歸情寒夜戀　恒想還故又再望
간억귀정한야련　항상환고우재망

一片固志誰何識　恨嘯愁中到夕凉
일편고지수하식　한소수중도석량

뜻 없이 우거하니 세월이 길고
쇠한 나이 몇 해나 허송할고
마음과 몸은 낙동강 가에서 놀고
꿈에 밟는 청산은 고향 땅이구나
간절히 돌아가고픈 마음 추운 밤에 생각나고
항상 고향 돌아가는 생각에 다시 바라본다
한 조각 굳은 뜻 뉘 어찌 알리
한 있는 휘파람 수심 가운데 서늘한 저녁 이르도다

光復三十七晬 광복 삼십칠돌
광 복 삼 십 칠 수

喜哉光復晬年迎 太極旗波處處明
희 재 광 복 수 년 영 태 극 기 파 처 처 명

歡呼榮光又進展 惡夢恥辱更想生
환 호 영 광 우 진 전 악 몽 치 욕 갱 상 생

好侵隣狡姦謀計 不落我心造築城
호 침 인 교 간 모 계 불 락 아 심 조 축 성

國力伸張全力盡 修交世界致和平
국 력 신 장 전 력 진 수 교 세 계 치 화 평

기쁘다 광복 돌해 맞으니
태극기 물결 곳곳에 밝았네
환호와 영광 또 전진
악몽과 치욕 다시 생각나도다
침략을 좋아하는 교활한 이웃 간사한 계략
떨어지지 않은 마음 성 쌓도다
나라 힘 신장에 전력 다하고
수교로 세계 평화 이루리

七夕遊松林寺 칠석날 송림사에 놀다
칠 석 유 송 림 사

青山流水雅山門 萬疊烟霞絶市喧
청 산 유 수 아 산 문 만 첩 연 하 절 시 훤

澗畔處處多怪石 林間隱隱有孤村
간 반 처 처 다 괴 석 림 간 은 은 유 고 촌

日斜古木寒蟬咽 風拂深陰翠葉飜
일 사 고 목 한 선 열 풍 불 심 음 취 엽 번

今夕華筵天上事 河橋牛女倒芳樽
금 석 화 연 천 상 사 하 교 우 녀 도 방 준

푸른 산 흐르는 물 산문 아담하고
만첩 연하가 저자 시끄러움 끊었도다
골짜기 물 둔덕 곳곳에 괴이한 돌 많고
숲 사이 은은한 외로운 마을 있네
해 기우니 고목에 쓰르라미 울고
바람이 깊은 그늘 떨쳐 푸른 잎 번뜩이네
오늘 저녁 화려한 자리 하늘나라 일
오작교에 견우직녀와 꽃다운 술단지 비우도다

遊琴湖江 금호강에 놀다
유 금 호 강

黃昏與友琴江遊 人促歸家水自流
황 혼 여 우 금 강 유 　 인 촉 귀 가 수 자 류

暮日白鷗何所去 淸秋靑鴈下長洲
모 일 백 구 하 소 거 　 청 추 청 안 하 장 주

漁夫荷棹獨行艇 詩客聯衿竝座邱
어 부 하 도 독 행 정 　 시 객 련 금 병 좌 구

談笑賦吟相勸酒 何鳴蟋蟀沒鄕愁
담 소 부 음 상 권 주 　 하 명 실 솔 몰 향 수

황혼에 벗과 더불어 금호강에 노니
사람은 귀가로 재촉하고 물은 저절로 흐르도다
저문 날 백구는 어디로 가는고
맑은 가을 푸른 기러기 장주에 내리도다
어부 노 메고 홀로 배로 가고
시객은 연이어 나란히 둔덕에 앉았노라
담소하고 시 읊으며 서로 술 권하고
귀뚜라미 어찌 울어 향수에 빠지게 하네

雪景
설 경

天地清澄似玉京　　河川陵谷一望平
천 지 청 징 사 옥 경　　하 천 릉 곡 일 망 평

野山遍照無崖日　　四界乍成不夜城
야 산 편 조 무 애 일　　사 계 사 성 불 야 성

萬樹白花疑節景　　千街華路斷人行
만 수 백 화 의 절 경　　천 가 화 로 단 인 행

無塵世上眞仙境　　滿酌酒香更味生
무 진 세 상 진 선 경　　만 작 주 향 갱 미 생

천지가 맑고 깨끗해 옥경 같고
하천과 둔덕과 골이 한결같이 평평하도다
들과 산 두루 비치니 끝없는 해이고
사계가 잠시 불야성 이루었네
만수에 백화 피니 절경을 의심하고
일천 거리 넓은 길 행인이 끊겼도다
티끌 없는 세상 참선경이요
잔에 가득한 술 향기 새로이 맛이 나노라

丹陽會飮韻 단양시회 모임
단 양 회 음 운

榴花芳草綠陰垂 류 화 방 초 록 음 수	萬里風談近午時 만 리 풍 담 근 오 시
詩士聯節三五影 시 사 련 절 삼 오 영	端陽柳絲數千枝 단 양 류 사 수 천 지
鞦韆仙女天虹畫 추 천 선 녀 천 홍 화	勸酒娥娘對面知 권 주 아 랑 대 면 지
勝席淸遊多有樂 승 석 청 유 다 유 락	與朋醉裡忘老悲 여 붕 취 리 망 로 비

석류꽃 꽃다운 풀 녹음이 드리우고
만 리 바람 가벼운 한낮이 가깝도다
시 짓는 선비 작지를 나란히 셋씩 다섯씩 짝지어 오고
단양 실버들 수천 가지로다
그네 타는 선녀 하늘에 무지개 그리고
술 권하는 예쁜 각시 대면해 알겠노라
좋은 자리 맑은 놀음 즐겁고
벗과 더불어 취하여 늙은 슬픔 잊었노라

除夜 섣달 그믐날 밤
제 야

送舊殘燈客不眠
송 구 잔 등 객 불 면

迎新希望意欣然
영 신 희 망 의 흔 연

行年七四餘生幾
행 년 칠 사 여 생 기

白髮明朝又一年
백 발 명 조 우 일 년

묵은 해 보내는 희미한 등 아래 나그네 잠 못 이루고

새해 맞는 희망에 마음이 기쁘도다

나이 일흔 넷 여생이 얼마냐

백발 내일 아침엔 또 한 해로고

爲趙翊永君 조익영 군을 위하여

위 조 익 영 군

窓梅着雪瑞香催
창 매 착 설 서 향 최

迎歲尊堂萬福開
영 세 존 당 만 복 개

恒笑家中和氣滿
항 소 가 중 화 기 만

大明門外幸風來
대 명 문 외 행 풍 래

창매에 눈 붙어 향기 재촉하니
새해 맞아 귀댁에 만복 열리네
항상 웃는 가중에 화기 가득하고
대명동 문 밖에 행운의 바람 오네

爲李大奉君 이대봉 군을 위하여
위 이 대 봉 군

萬物蘇生四海春
만 물 소 생 사 해 춘

高堂百福滿家新
고 당 백 복 만 가 신

尊兄身數乘潮卓
존 형 신 수 승 조 탁

膝下子孫幸運彬
슬 하 자 손 행 운 빈

만물 소생하고 사해에 봄이 와
고당에 백복이 집에 가득하고 새롭구나
형의 신수는 높은 물결 타고
슬하 자손들은 행운이 빛나도다

梅 매화
매

雪裏佳花孰有隨
설리가화숙유수

風寒雅態獨香遺
풍한아태독향유

草廬窓下傳春信
초려창하전춘신

高士汝賞始覺知
고사여상시각지

설중에 아름다운 꽃 누가 있어 따르리
찬바람에 아담한 자태 홀로 향기 끼치네
초려 창 아래 봄소식 전하고
높은 선비 너 아름다움을 비로소 깨달아 알았구려

梅 매화
매

愛愛有情一枝梅
애 애 유 정 일 지 매

年年不忘雪中來
년 년 불 망 설 중 래

汝爲朋到醝同至
여 위 붕 도 차 동 지

酣醉咏歌又一盃
감 취 영 가 우 일 배

사랑하노라 정 있는 한 가지 매화
해마다 잊지 않고 설중에 오누나
너를 위해 벗 오고 술 같이 이르니
얼근히 취하고 읊고 노래하고 또 한잔 하노라

回想寒溪嶺 한계령을 회상하다
회 상 한 계 령

昔日寒溪過嶺時
석 일 한 개 과 령 시

秋山佳景世人知
추 산 가 경 세 인 지

未征聽鳥頻留在
미 정 청 조 빈 류 재

車駐看楓一作詩
차 주 간 풍 일 작 시

옛날 한계령 지날 적에
가을 산 아름다운 경치 세상사람 다 알고
와서 새 소리 듣고 자주 머물러 있고
차 멈추어 단풍 보고 시를 지었도다

正月上元 정월 보름
정 월 상 원

忽望新年十五辰 青天遙寞上圓輪
홀 망 신 년 십 오 진 청 천 요 막 상 원 륜

世誰見月何無感 唯我思鄕恨有人
세 수 견 월 하 무 감 유 아 사 향 한 유 인

坐室擧杯祈旺國 登山拜月禱安身
좌 실 거 배 기 왕 국 등 산 배 월 도 안 신

種多民俗多民樂 昔日盛行是日貧
종 다 민 속 다 민 락 석 일 성 행 시 일 빈

홀연히 바라보는 새해 보름
청천에 멀리 보름달 둥글게 되었구려
세상에 달 보고 뉘가 느낌이 없으리오
오직 나는 고향 생각에 한 많은 사람일세
집에서 잔을 들어 나라 위해 빌고
산에 올라 달에 절하며 몸 편함 빌도다
여러 가지 민속놀이 모두 즐김을
옛날은 성하였는데 지금은 적도다

偶吟 우연히 읊음
우 음

大川西岸觀音里 閉戶幽居近八年
대 천 서 안 관 음 리 폐 호 유 거 근 팔 년

虛送光陰詩酒樂 將來身老託雲邊
허 송 광 음 시 주 락 장 래 신 로 탁 운 변

友逢揮杖探景步 客別歸家請閑眠
우 봉 휘 장 탐 경 보 객 별 귀 가 청 한 면

歲月如流增白髮 羇燈照下過晏然
세 월 여 류 증 백 발 기 등 조 하 과 안 연

대천 서안에 있는 관음 마을
문 닫고 한가히 산 지 팔 년 가까워
헛되이 세월 보내며 시와 술을 즐기고
장차 올 늙은 몸 구름 가에 의탁했네
벗을 만나 작지 짚고 구경 가고
손님 보내고 집에 와서 잠을 청하도다
세월은 흘러 백발 더하고
나그네 등불 아래 편히 지내네

祝榮轉(爲金鍾喆朴東立李道彰)
축 영 전 위 김 종 철 박 동 립 이 도 창

영전을 축하함(김종철 박동립 이도창을 위해)

萬物蘇生四海春
만 물 소 생 사 해 춘

羈官榮轉祝心新
기 관 영 전 축 심 신

去情難別來情厚
거 정 난 별 내 정 후

到處奉公幸運彬
도 처 봉 공 행 운 빈

만물이 소생하는 사해에 봄인데

벼슬하는 나그네 영전을 축하하는 마음 새로워라

가는 정 이별 어렵고 오는 정 두터워라

이르는 곳 공에 봉사하고 행운이 빛나도다

驚蟄
경 칩

梅香風暖日初清　　蟄居微生始動驚
매 향 풍 난 일 초 청　　칩 거 미 생 시 동 경

白晝山間蛙卵産　　青宵幽谷聽忠鳴
백 주 산 간 와 란 산　　청 소 유 곡 청 충 명

千氷溶解乾坤潤　　萬物伸長柔世情
천 빙 용 해 건 곤 윤　　만 물 신 장 유 세 정

和暢高原嵐氣動　　携笻三五古尋城
화 창 고 원 람 기 동　　휴 공 삼 오 고 심 성

매화 향기롭고 바람 따뜻한데 날이 처음으로 맑아
칩거하는 미물이 비로소 놀라 움직이노라
대낮 산골짜기엔 개구리 알 낳고
맑은 밤 깊은 산골에 벌레소리 들리네
일천 얼음 녹아 천지가 윤택해지고
만물 자라나고 세상이 편안하구나
화창한 들에는 아지랑이 움직이고
작지 든 노인 삼삼오오 짝지어 고성을 찾더라

偶吟 우연히 읊음
우 음

月上東天聽水聲
월 상 동 천 청 수 성

貴人偶遇是筵清
귀 인 우 우 시 연 청

夜露沾林春氣漸
야 로 첨 림 춘 기 점

滿庭花木總和情
만 정 화 목 총 화 정

달은 동천에 오르고 물소리 들리고
귀인을 우연히 만나니 이 자리가 맑도다
밤이슬 숲 적시고 봄기운 더하는데
뜰에 찬 꽃나무 모두 봄 정을 품었더라

春遊 봄놀이
춘 유

日暖和風又快晴　山光野色活畵成
일 난 화 풍 우 쾌 청　산 광 야 색 활 화 성

春園梅笑迎賓客　高閣盈樽賀主兄
춘 원 매 소 영 빈 객　고 각 영 준 하 주 형

翠岳週屛基勢重　蒼天空闊鳥飛輕
취 악 주 병 기 세 중　창 천 공 활 조 비 경

賢朋閑趣同心樂　詩酒風流亦喜情
현 붕 한 취 동 심 락　시 주 풍 류 역 희 정

날씨 따뜻하고 바람 화창한데 또 갠 날씨
산빛 들빛 그림을 이루었네
봄 후원 매화 피고 손님 맞으니
높은 집 찬 술단지 하주는 형일세
푸른 산 두른 병풍 그 기세 무겁고
푸른 하늘 비고 넓은데 새가 가벼이 나는구나
어진 벗 한가한 취미 같은 마음 즐기고
시와 술 풍류 역시 기쁜 정이로다

春懷 봄의 마음
춘 회

春光一去更還回 鄕谷杜鵑開未開
춘 광 일 거 갱 환 회 향 곡 두 견 개 미 개

每夜夢中山野步 何時實踐上高坮
매 야 몽 중 산 야 보 하 시 실 천 상 고 대

相逢親友多情坐 一笑吟詩復一盃
상 봉 친 우 다 정 좌 일 소 음 시 부 일 배

有意不成猶恨積 可憐春景莫非來
유 의 불 성 유 한 적 가 련 춘 경 막 비 래

봄빛 한 번 가고 다시 돌아와
고향 골 두견화 피었는지 안 피었는지
매양 꿈속에 산과 들 헤매나니
언제나 높은 대에 올라 가보리
서로 만난 벗 정답게 앉아
한 번 웃고 시 읊고 또 한 잔 하리
뜻 두고 이루지 못해 한만 쌓이고
가련한 봄 경치 오긴 와야지

遊於松林寺 송림사에서 놀다
유 어 송 림 사

仲春佳節到山尋 중 춘 가 절 도 산 심	傾路連連去益深 경 로 련 련 거 익 심
落落長松華寺意 락 락 장 송 화 사 의	潺潺流水淨塵心 잔 잔 류 수 정 진 심
古來名刹僧修道 고 래 명 찰 승 수 도	今日高堂與士林 금 일 고 당 여 사 림
詩酒相酬情未盡 시 주 상 수 정 미 진	更期何處復如今 갱 기 하 처 부 여 금

중춘 좋은 때 산을 찾으니
기운 길 갈수록 깊게 연하였네
낙낙장송은 화려한 절의 뜻이요
잔잔히 흐르는 물 티끌 마음 씻도다
고래로 이름 난 절 스님은 수도하고
오늘 높은 집에는 선비와 같이 했더라
시와 술 주고받는 정 다하지 않은데
다시 어느 곳에서 지금과 같이 기약할고

春會 봄 모임
춘 회

林舞野歌兩好時 探眞節屐步無遲
림 무 야 가 량 호 시 탐 진 절 극 보 무 지

川邊綠柳三千樹 南壑紅桃數萬枝
천 변 록 류 삼 천 수 남 학 홍 도 수 만 지

酒熟杏村佳女酌 士遊會席動吟詩
주 숙 행 촌 가 여 작 사 유 회 석 동 음 시

老軀盡日歡談足 琴水月明更後期
로 구 진 일 환 담 족 금 수 월 명 갱 후 기

숲 춤 추고 들 노래 하는 좋은 때라
참을 찾는 작지와 신발 걸음이 빠르구나
냇가 푸른 버들 한없이 연하였고
남쪽 골짜기 복사꽃 수만 가지로고
술 익은 행화촌 미녀가 술 따르고
선비 노는 모임 자리 시 읊는 소리 나네
늙은이 하루 환담하기 족하고
금호강 밝은 달 아래 다시 뒷날 기약하네

淸明
청 명

春回故國萬像佳　日暖江山粧百花
춘 회 고 국 만 상 가　일 난 강 산 장 백 화

大野東頭牛步緩　琴湖西渚鷺耕沙
대 야 동 두 우 보 완　금 호 서 저 로 경 사

鶯歌咬友楊枝綠　鴾鳥高飛日欲斜
앵 가 교 우 양 지 록　무 조 고 비 일 욕 사

虛送風塵無語過　兩鬢白髮使人嗟
허 송 풍 진 무 어 과　양 빈 백 발 사 인 차

봄이 돌아와 고국의 만상이 아름답고
날 따뜻한 강산에 일백 꽃 피었네
큰 들 동쪽엔 소 걸음 느리고
금호강 가엔 해오라기 모래 가는구나
꾀꼬리 노래로 벗 부르고 버들가지 푸르고
종달새 높이 날아 날이 기울어지노라
허송한 풍진은 말 없이 지나고
양쪽 볼 흰 머리 사람으로 하여금 슬프게 하네

穀雨會(達城公園) 곡우회 달성공원에서

곡우회 달성공원

春雨霏霏始快晴 萬園物色喜賓迎
춘우비비시쾌청 만원물색희빈영

和風綠葉鶯歌亂 暖日新光塘水明
화풍록엽앵가란 난일신광당수명

古郭樓邊賢士席 新求白軸積春情
고곽류변현사석 신구백축적춘정

優遊一日詩錫樂 日暮歸程惜別城
우유일일시석락 일모귀정석별성

봄비 부슬부슬 오다 처음 개고
원에 가득 찬 경치 기꺼이 손을 맞이하도다
바람은 화하고 잎은 푸른데 꾀꼬리 노래 한창이고
따스한 날 새 빛에 지당 물 맑구나
옛 성루는 어진 선비 자리요
새로 만든 흰 축에 봄 정이 쌓이네
시와 술로 하루를 잘 놀고
날 저물어 돌아가는 길 이별이 아쉬운 성이로다

政友開發社長慰問花受韻 정우개발 사장 위문 꽃 받고
정 우 개 발 사 장 위 문 화 수 운

百花萬發盛花時
백 화 만 발 성 화 시

貴社日榮祝多祈
귀 사 일 영 축 다 기

臥病寒床人事絶
와 병 한 상 인 사 절

美花惠送厚情知
미 화 혜 송 후 정 지

백화 만발한 성화 시에

귀사 날로 번영함을 축하합니다

병들어 누워 인사가 끊어지는데

아름다운 꽃을 보내 인정 두터움을 알겠노라

春景 봄 경치
춘 경

新綠淸風花上天
신 록 청 풍 화 상 천

高樓幽谷白衣仙
고 루 유 곡 백 의 선

野外點點觀景客
야 외 점 점 관 경 객

草原處處舞芳年
초 원 처 처 무 방 년

신록에 바람 맑고 꽃 위에 하늘이라
그윽한 골짜기 높은 누에 흰 옷 입은 신선이더라
들 밖에 점점이 구경하는 객이요
풀밭 곳곳이 춤추는 젊은이라

餞春 봄을 보내다
전 춘

鬪病閑床不平身 薰風多恨送殘春
투 병 한 상 불 평 신 훈 풍 다 한 송 잔 춘

挽留無策意隨去 更計有心度早辰
만 류 무 책 의 수 거 갱 계 유 심 탁 조 진

院內庭林枝枝綠 路邊芳草日日新
원 내 정 림 지 지 록 로 변 방 초 일 일 신

願君無事頻來訪 患席門前絶故人
원 군 무 사 빈 래 방 환 석 문 전 절 고 인

병마와 싸우는 한가한 자리 몸 평안치 않은데
훈훈한 바람 한 많은 남은 봄을 보내노라
만류할 방법 없으니 마음대로 가거라
다시 꾀하는 마음 있어 빠른 때를 헤아리노라
원내 뜰 숲 가지가지 푸르고
길가 꽃다운 풀 나날이 새롭다
원컨대 그대 일 없거든 자주 오시오
병든 문 앞에 벗이 끊긴다

夏懷 여름의 마음
하 회

天	下	誰	能	知	我	心		知	好	盆	栽	晩	年	唫
천	하	수	능	지	아	심		지	호	분	재	만	년	음
無	成	無	事	歸	廑	昔		多	病	多	愁	閑	戶	今
무	성	무	사	귀	근	석		다	병	다	수	한	호	금
患	怨	自	歌	還	自	泣		友	情	忘	却	不	相	尋
환	원	자	가	환	자	읍		우	정	망	각	불	상	심
麥	波	樹	綠	幾	玆	度		又	是	夏	懷	夏	與	深
맥	파	수	록	기	자	도		우	시	하	회	하	여	심

천하에 뉘가 능히 내 마음 알리
다만 분재나 하고 늦게 시 읊는 것이지
아무것도 한 일 없이 옛 집에 돌아와
병 많고 수심 많아 지금 한가히 지내다
병을 원망하다 스스로 노래하고 울고
우정을 잊고 서로 찾지도 못하네
보리 물결 푸른 나무 이 몇 번인고
또 이 하회가 여름과 더불어 깊도다

臥病閑居 병으로 한가히 살다
와 병 한 거

偶然臥病掩杜門 綠樹閒庭絶世喧
우 연 와 병 엄 두 문 록 수 한 정 절 세 훤

勝地探詩夢外事 觀光遊興未想昏
승 지 탐 시 몽 외 사 관 광 유 흥 미 상 혼

和風間間階前木 晴日頻頻照葉翻
화 풍 간 간 계 전 목 청 일 빈 빈 조 엽 번

何歲快身登好處 翠陰朋與更傾樽
하 세 쾌 신 등 호 처 취 음 붕 여 갱 경 준

우연히 병 얻어 문 닫고 있으니
푸른 나무 한가한 뜰 세상 시끄러움을 끊었도다
좋은 곳 찾아 시 짓는 것 꿈 밖의 일이요
구경하는 흥은 생각이 어렵지 않다
화한 바람 간간이 뜰 나무에 불고
갠 날 자주 펄럭이는 잎에 비치네
언제나 몸 쾌해 좋은 곳 올라
푸른 그늘 벗과 더불어 다시 술잔 기울일고

接問病所感 문병을 받은 소감
접 문 병 소 감

問病臥床兩者同　人情相合正魯風
문 병 와 상 량 자 동　인 정 상 합 정 로 풍

何時快瘉尋朋云　卜日喜心醉面紅
하 시 쾌 유 심 붕 운　복 일 희 심 취 면 홍

如鏡湖邊遊定席　山樓倒影幻龍宮
여 경 호 변 유 정 석　산 루 도 영 환 룡 궁

自然爲友何乎樂　白髮歌中與子通
자 연 위 우 하 호 락　백 발 가 중 여 자 통

문병 하는 이 앓는 이 둘이 같으니
인정이 서로 합하니 참으로 노풍이 바로 든다
언제나 다 나아 벗을 찾아갈고
날을 정하니 기쁜 마음 낯이 붉도록 취하더라
거울 같은 못가에 놀 자리 정하니
산 누각 그림자 거꾸로 비치니 용궁같구려
자연을 벗 삼아 어찌 즐거운고
백발이 노래 가운데 자네와 더불어 통하도다

離散家族再逢 이산가족 다시 만나다
이 산 가 족 재 봉

相逢如夢夢中迎 泣抱喜悲淚海成
상 봉 여 몽 몽 중 영 읍 포 희 비 루 해 성

寤寐不忘三十歲 更乎無別永安盟
오 매 불 망 삼 십 세 갱 호 무 별 영 안 맹

莊剛賢志能堪苦 寬大善心盡力精
장 강 현 지 능 감 고 관 대 선 심 진 력 정

胸裡深深多恨洗 平和統一路程明
흉 리 심 심 다 한 세 평 화 통 일 로 정 명

서로 만남 꿈 같고 꿈 속에 만나
안고 울며 기쁘고 슬퍼 눈물바다 이루네
자나 깨나 잊지 못한 삼십 년
다시는 이별 없이 길이 편히 살자고 맹세하네
장하고 굳센 어진 뜻 능히 괴로움 참고
너그럽고 착한 마음 힘과 정성 다하였네
가슴 속 깊고 깊은 많은 한 씻고
평화통일의 길이 밝아오네

偶吟 우연히 읊음
우　음

草屋風淸暑氣微　　靜軒閑居掩柴扉
초옥풍청서기미　　정헌한거엄시비

時來雲集促雷雨　　輒把榴花香滿衣
시래운집촉뢰우　　첩파류화향만의

依病癈詩多恨裡　　臥床不出訪節稀
의병폐시다한리　　와상불출방절희

晴天明月滿庭夜　　與友情盃忘是非
청천명월만정야　　여우정배망시비

초가에 바람 맑고 더운 기운 적어
고요한 마루 한가히 사립 닫고 사네
때로 구름 모여 와 소낙비 재촉하고
문득 석류꽃 쥐니 향기 옷에 가득하네
병에 의해 시를 폐하고 한 많은 가운데
누워 나가지 못하니 찾는 이 드무네
갠 하늘 밝은 달 뜰에 가득한 밤
벗과 더불어 정배를 들어 시비를 잊고저

閑居 한가로이 살다
한 거

病床閑居自生凉　世事無欲又無忙
병 상 한 거 자 생 량　세 사 무 욕 우 무 망

千鳥諸虫偕爲友　百花芝草各生香
천 조 제 충 해 위 우　백 화 지 초 각 생 향

靑山高嶂千載屹　蒼海疎松四節蒼
청 산 고 장 천 재 흘　창 해 소 송 사 절 창

應候變容奇妙態　自然看望是仙方
응 후 변 용 기 묘 태　자 연 간 망 시 선 방

병상에 한가히 지내니 스스로 찬바람 생겨
세상사 하고픔도 없고 또 바쁜 것도 없구나
일천 새 모든 벌레 다 벗이 되고
백화와 풀이 각각 향기 나네
청산 높은 봉우리 천년을 솟았고
창해와 성근 솔은 사시로 푸르구나
응당 기후변화를 용납하여 기이하고 묘한 자태
자연을 바라보니 이는 신선의 방법일세

初聽蟬 처음 매미 소리 듣다
초 청 선

霖雨招晴夏日遲　蟬聲忽起順風時
림 우 초 청 하 일 지　선 성 홀 기 순 풍 시

門前我植槐青葉　村後誰栽柳綠枝
문 전 아 식 괴 청 엽　촌 후 수 재 류 록 지

陰路一生恒自足　出塵化蛻妙眞奇
음 로 일 생 항 자 족　출 진 화 태 묘 진 기

病床白髮慰憂慼　汝美清音謝我知
병 상 백 발 위 우 척　여 미 청 음 사 아 지

장마 비 처음 개고 여름 날이 더디니
매미 소리 홀연히 일어나고 바람 순할 때로다
문전에 내가 심은 괴목 푸른 잎
마을 뒤에 누가 심은 버들 푸른 가지로다
이슬 먹고 일생을 항상 자족하고
티끌에서 나와 허물 벗음이 참으로 묘하고 기이하다
병상 백발 근심과 슬픔을 위로해주고
너 아름답고 맑은 소리 나 감사하노라

恨美祀不參 미사 불참을 한한다
한 미 사 불 참

聖母堂前停客笻　首垂祈禱盡精供
성 모 당 전 정 객 공　수 수 기 도 진 정 공

許多敎友信心厚　誠報天恩感謝頌
허 다 교 우 신 심 후　성 보 천 은 감 사 송

身住主中留主我　永生懼共仰精從
신 주 주 중 류 주 아　영 생 구 공 앙 정 종

不參美祀病床臥　願欲聲聽聖曉鐘
불 참 미 사 병 상 와　원 욕 성 청 성 효 종

성모당 앞에 나그네 작지 멈추고
머리 숙여 기도 정성 다해 바치니
많은 신도 믿음 두터워
정성의 보답 은총에 감사하노라
몸은 주 가운데 있고 나 주 안에 머물고
영원히 두려움 함께 우러러 정성 다해 따르리
미사에 불참하고 병상에 누워
원컨대 성스러운 새벽 종소리 듣고자 한다

暴雨
폭 우

三伏炎如熱釜蒸　萬象枯渴若嵐昇
삼 복 염 여 열 부 증　만 상 고 갈 약 람 승

忽然雲集乾坤暗　輒起涼風暴雨徵
홀 연 운 집 건 곤 암　첩 기 량 풍 폭 우 징

霹靂雷聲天地動　電光洪水堰堤崩
벽 력 뢰 성 천 지 동　전 광 홍 수 언 제 붕

桑田碧海瞬間事　偉大自然未覺曾
상 전 벽 해 순 간 사　위 대 자 연 미 각 증

삼복 더운 열 가마에 찌는 것 같고
만상 말라서 아지랑이 오르는 것 같도다
홀연 구름 모여 천지가 어둡고
문득 이는 서늘한 바람 폭우의 징조라
벽력과 뇌성이 천지가 움직이고
번개와 홍수로 제방 무너지다
상전이 벽해됨은 순간의 일
위대한 자연 일찍 깨닫지 못했네

孟秋登達城 초가을 달성에 오르다
맹 추 등 달 성

鬱鬱滌心上達城 籠中獸鳥似歡迎
울 울 척 심 상 달 성 롱 중 수 조 사 환 영

浮沈遊泳淸粧鴨 塘上經飛款舞蜻
부 침 유 영 청 장 압 당 상 경 비 관 무 청

緩步勝區如極樂 俯觀喧市俗人生
와 보 승 구 여 극 락 부 관 훤 시 속 인 생

初秋物色還多感 往事回想不勝情
초 추 물 색 환 다 감 왕 사 회 상 불 승 정

답답한 마음 씻고자 달성에 오르니
울 안의 짐승과 새 환영하는 것 같네
물에 떠 노는 맑게 꾸민 오리
못 위 가볍게 날고 춤추는 잠자리
천천히 경치 좋은 곳 걸으니 극락 같고
굽어보니 시끄러운 저자는 속된 인생이라
초가을 경치 느낌이 많고
지나간 일 생각하니 견디지 못할 마음이라

受招(松林寺遊覽) 초청받고(송림사 유람)

수 초 송 림 사 유 람

軺車轉入到沙門 萬疊青山絶世喧
초 차 전 입 도 사 문 만 첩 청 산 절 세 훤

筇屐進穿喬樹處 吟詩談笑綠陰村
공 극 진 천 교 수 처 음 시 담 소 록 음 촌

清流澗水心常潔 古壑凉風葉忽翻
청 류 간 수 심 상 결 고 학 량 풍 엽 홀 번

依病不應招請席 願兄優遊玉傾樽
의 병 불 응 초 청 석 원 형 우 유 옥 경 준

유람차 굴러 들어 사문에 이르니
쌓이고 쌓인 푸른 산 시끄러운 세상을 끊다
뚫고 들어가 높은 나무 밑에 가니
시 읊고 담소할 그늘진 마을이라
맑게 흐르는 시냇물 마음 항상 깨끗한데
옛 골 서늘한 바람 나뭇잎 팔랑이네
병에 의해 초청에 응치 못하니
원컨대 형은 잘 놀고 옥두루미 기울이소서

旣望 음력 열엿샛날 밤
기 망

草屋東軒獨倚欄 新秋夜景畵中看
초 옥 동 헌 독 의 란 신 추 야 경 화 중 간

微風颯颯搖高樹 雲影重重繞遠巒
미 풍 삽 삽 요 고 수 운 영 중 중 요 원 만

蒸熱今來何處去 生涼已覺葛衣寒
증 열 금 래 하 처 거 생 량 이 각 갈 의 한

賦吟赤壁病床臥 古事回想意自寬
부 음 적 벽 병 상 와 고 사 회 상 의 자 관

오막살이 동쪽 마루 홀로 난간에 의지하여
새 가을 야경을 그림 가운데 보더라
가는 바람 소슬하게 높은 나무 흔드니
구름 그림자 거듭 먼 봉우리 둘렀구나
찌는 듯한 더위 지금 어디 갔는고
생량함 이미 느끼고 모시옷 차구나
적벽 시 읊으며 병상에 누웠으니
옛 일 생각나서 마음 스스로 너그러워라

夢破 꿈을 깨다
몽 파

夢破鴈聲忽起驚 西窓殘月夜三更
몽파안성홀기경 서창잔월야삼경

虛空萬里廖廖寂 鴻影千程淡淡情
허공만리료료적 홍영천정담담정

再入寢牀成不寢 輒思國外子容明
재입침상성불침 첩사국외자용명

沈想轉輾秋宵盡 臥病寒房曙氣盈
침상전전추소진 와병한방서기영

꿈 깨운 기러기 소리 홀연히 놀라 일어나니
서쪽 창 시잔한 달 밤 삼경이라
빈 하늘 만 리나 적적한데
기러기 그림자 천 리 길 담담한 마음이라
다시 자리 들어도 잠 못 이루고
문득 외국 생각에 아들 얼굴 밝아온다
생각에 잠겨 뒹굴다 가을 밤 다하고
병에 누운 찬 방 새벽 기운 찼도다

思鄕 고향 생각

사 향

倚身南國莒州南　寓居八年我患湛
의 신 남 국 거 주 남　우 거 팔 년 아 환 담

還故戀情猶不禁　未歸鄕土未沾馣
환 고 연 정 유 불 금　미 귀 향 토 미 첨 암

靑山錦繡重重嶽　洛水蒼波曲曲潭
청 산 금 수 중 중 악　락 수 창 파 곡 곡 담

欲見先人諸遺蹟　無成何事訪鄕慚
욕 견 선 인 제 유 적　무 성 하 사 방 향 참

몸을 남쪽 나라 거주 남쪽에 의지하고
우거한 지 팔 년에 내 몸 병에 잠겼네
고향 돌아갈 생각 아직 금치 못하고
돌아가지 못한 고향 땅 향기에 젖지 못했네
청산은 비단같이 첩첩 쌓인 봉우리
낙수 푸른 물결 굽이굽이 못일세
보고파라 선인의 남긴 자취
아무 일 이루지 못하고 고향 찾기 부끄럽네

病懷 병회의 마음
병 회

食不甘食體不伸
식 불 감 식 체 불 신

藥依半歲死如人
약 의 반 세 사 여 인

病魔侵侮當然事
병 마 침 모 당 연 사

非才無功無用身
비 재 무 공 무 용 신

달아도 달게 먹지 못하고 몸을 펴지 못해
약에 의지해 반세 죽은 사람 같구나
병마가 업신여겨 침노함도 있을 만한 일
재주 없고 공이 없으니 무용지몸이라

夢過故鄕 꿈에 고향을 지나다
몽 과 고 향

夢過故鄕又入秋 雲收雨歇更深愁
몽 과 고 향 우 입 추 운 수 우 헐 갱 심 수

金風大野黃波起 洛水長江碧浩流
금 풍 대 야 황 파 기 락 수 장 강 벽 호 류

醒寢携琴把酒樂 吟詩咏月無歌酬
성 침 휴 금 파 주 락 음 시 영 월 무 가 수

望看五穀登豊野 擊壤歌高世泰優
망 간 오 곡 등 풍 야 격 양 가 고 세 태 우

꿈에 고향 지나니 또 가을이고
구름 걷히고 비 개니 다시 수심 깊어라
금풍이 들에 부니 누른 물결 일고
낙동강 물 긴 강 푸르고 넓게 흐르네
잠 깨면 거문고와 술을 즐기고
시 읊고 달 읊고 춤추고 노래하네
멀리 바라보니 오곡 등풍한 들이요
격양가 높은 곳에 세상 태평하구려

栢浦晩眺 백포의 저무는 조망
백 포 만 조

靑山斷處大江回	栢浦高城眼忽開
청 산 단 처 대 강 회	백 포 고 성 안 홀 개
廣野黃波秋稻熟	凉風斜日鷰飛來
광 야 황 파 추 도 숙	량 풍 사 일 연 비 래
水邊岩上釣翁坐	沙白長洲白鷺徊
수 변 암 상 조 옹 좌	사 백 장 주 백 로 회
如畵景中催獨步	夕陽歸路鴈聲哀
여 화 경 중 최 독 보	석 양 귀 로 안 성 애

청산 끝난 곳 큰 강 돌고
백포 높은 성 눈이 홀연 열리네
넓은 들 누런 물결에 가을 벼 익고자 하고
서늘한 바람 지는 해에 제비 날아온다
물가 바위 위에 고기 낚는 늙은이 앉았고
흰 모래 장주에 백로가 배회하네
그림 같은 경치 가운데 홀로 걸음 재촉하고
석양에 돌아가는 길 기러기 소리 슬프도다

人生
인 생

必有人生喜怒哀 白雲何故無心廻
필 유 인 생 희 노 애 백 운 하 고 무 심 회

山容千古不言立 明月每宵訪我來
산 용 천 고 불 언 립 명 월 매 소 방 아 래

臥病寒燈書讀樂 獨登斜日望鄉臺
와 병 한 등 서 독 락 독 등 사 일 망 향 대

消愁猶有樽美酒 渾世惟佳友人盃
소 수 유 유 준 미 주 혼 세 유 가 우 인 배

반드시 인생에는 희노애가 있고
흰 구름은 어이하여 무심히 도는고
산은 천고에 말없이 서 있고
명월은 밤마다 나를 찾아오누나
병으로 누워 한등에 글 읽고 즐기며
홀로 석양에 망향대에 오르노라
수심 없이 함에 오직 미주가 있고
세상에 오직 아름다운 것 벗의 잔이로세

晩秋 늦가을
만 추

征路山南錦水北 정 로 산 남 금 수 북	林間霜葉繡衣裳 림 간 상 엽 수 의 상
數盃菊酒能消寂 수 배 국 주 능 소 적	豪咏詩歌是不狂 호 영 시 가 시 불 광
堪笑寓廬孤臥病 감 소 우 려 고 와 병	可憐羈旅未還鄉 가 련 기 려 미 환 향
夢中誰叩柴門掩 몽 중 수 고 시 문 엄	忽見槐枝掛夕陽 홀 견 괴 지 괘 석 양

가는 길 산 남쪽 금수 북쪽인데
숲 사이 곱게 물든 잎 옷에 수 놓네
두어 잔 국화 술 능히 적적함을 없이 하고
호걸스레 읊는 시와 노래 이는 미친 것 아닐세
웃음 참고 우려에 외로이 병석에 누워
가엾다 나그네 고향에 돌아가지 못했네
꿈 가운데 뉘가 사립문 두드리기에
홀연히 보니 괴목 가지에 석양이 걸렸더라

患懷 환자의 마음
환 회

病床消日獨看章　閑社蕭寥似梵宮
병상소일독간장　한사소료사범궁

萬里長天明月夜　五更鴻雁白雲中
만리장천명월야　오경홍안백운중

靑山松竹常無老　紅顏白頭號曰翁
청산송죽상무로　홍안백두호왈옹

幸癒移居相不遠　暮年爲友樂吾同
행유이거상불원　모년위우락오동

병상에 소일하느라 홀로 책 보고 있으니
한가한 집 고요해서 절간 같네
만 리 길 하늘 달 밝은 밤
오경에 기러기 흰 구름 가운데 날아
청산의 송죽은 항상 늙지 않고
홍안에 흰 머리 첨지라 하더라
다행히 병 나아 서로 머잖게 살면
늦게 벗 되어 나와 같이 즐기리라

秋愁 가을의 근심
추 수

鳩節揮策到江頭 구 절 휘 책 도 강 두	岸樹茂枝染葉秋 안 수 무 지 염 엽 추
錦水清流成美鏡 금 수 청 류 성 미 경	凉風襟入使人愁 량 풍 금 입 사 인 수
夕陽斜日雲中鴈 석 양 사 일 운 중 안	深夜白沙月下鷗 심 야 백 사 월 하 구
四節巡還乍不息 사 절 순 환 사 불 식	鬢霜加雪老衰憂 빈 상 가 설 로 쇠 우

작지 휘두르며 강가에 이르니
언덕 무성하던 나뭇잎 물든 가을이고
금수 맑은 흐름 거울 이루니
서늘한 바람 옷깃에 들어 사람을 수심케 하네
석양 기운 날 구름 가운데 기러기요
깊은 밤 흰 모래 달 아래 백구로다
사절의 돌음이 잠시 쉼이 없이
귀 밑 서리에 눈을 더하여 노쇠함을 근심하더라

病床有感 병상의 느낌
병 상 유 감

七四高齡又一加　風飛白髮未悲佳
칠 사 고 령 우 일 가　풍 비 백 발 미 비 가

少年莫笑看人老　翁號可憎不可遮
소 년 막 소 간 인 로　옹 호 가 증 불 가 차

歲月如流時不待　青春已去永無華
세 월 여 류 시 불 대　청 춘 이 거 영 무 화

自修身德一身立　爲國忠情盡國家
자 수 신 덕 일 신 립　위 국 충 정 진 국 가

칠십넷 높은 나이 또 하나 더하니
바람에 날리는 백발 섧지 않고 아름다워라
소년들아 노인 보고 웃지 마라
첨지란 이름 미우나 막을 수 없어라
세월은 흐르는 물과 같고 때는 기다리지 않아
청춘은 이미 가고 영원한 화려함은 없노라
스스로 닦는 몸과 덕 한 몸 세우고
나라 위한 충성된 뜻 나라에 다했도다

偶吟 우연히 읊음
우 음

秋夜讀書欲寢時 추 야 독 서 욕 침 시	西窓寒月掛枝遲 서 창 한 월 괘 지 지
重眠四壁虫聲亂 중 면 사 벽 충 성 란	霜氣一天鴈列之 상 기 일 천 한 열 지
紅葉萬山詩景富 홍 엽 만 산 시 경 부	黃花盈院酒盃貽 황 화 영 원 주 배 이
問君此席今宵樂 문 군 차 석 금 소 락	何也楓林更又期 하 야 풍 림 갱 우 기

가을 밤 글 읽다 자려 할 때
서쪽 창 찬 달 나뭇가지에 걸려 늦네
무겁게 잠든 네 벽 벌레소리 요란하고
서리 기운 찬 하늘에 기러기 떼 가도다
홍엽이 만산하니 시 경치가 풍부하고
황화가 집에 차니 술잔을 나누네
묻노니 그대 이 자리 오늘 저녁 즐기고
언제나 단풍 숲에서 또 만날까

重陽節 음력 9월 9일
중 양 절

已老偏憎歲月加 이 로 편 증 세 월 가	偶然罹病臥閑家 우 연 리 병 와 한 가
訪來舊友情談席 방 래 구 우 정 담 석	釀熟香醪泛菊花 양 숙 향 료 범 국 화
雨歇前川聲大水 우 헐 전 천 성 대 수	秋深遠嶺夕陽斜 추 심 원 령 석 양 사
良辰九九難虛送 량 진 구 구 난 허 송	君與優遊忘自嗟 군 여 우 유 망 자 차

이미 늙은 것 싫은데 세월이 더해
우연히 병들어 한가히 집에 누웠네
찾아온 옛 벗과 정담한 자리
빚어 익은 막걸리에 국화 띄웠도다
비 갠 앞 내엔 물소리 크고
가을 깊은 먼 고개엔 석양이 기우네
좋은 때 구월 구일 허송하기 어렵고
그대와 더불어 잘 노니 슬픔을 잊었도다

吾家晩秋 우리 집 늦가을
오 가 만 추

霜落鴈飛景愁佳 吾家秋色與誰偕
상 락 안 비 경 칙 가 오 가 추 색 여 수 해

繞連百果添楓葉 不絶幽香笑菊階
요 련 백 과 첨 풍 엽 불 절 유 향 소 국 계

明月滿庭思故友 虫鳴四壁感悲懷
명 월 만 정 사 고 우 충 명 사 벽 감 비 회

黃花美酒千愁忘 雲外鴻聲塞北涯
황 화 미 주 천 수 망 운 외 홍 성 새 북 애

서리 내리고 기러기 나니 경치 더욱 아름다워
우리 집 가을빛 뉘와 더불어 볼꼬
둘러 있는 백과와 단풍을 곁들였고
끊임없는 그윽한 향기 국화 계단에 피었네
명월이 만정하니 옛 벗 생각나고
네 벽에 벌레 우니 쓸쓸한 생각나노라
국화 좋은 술 일천 수심 잊고
구름 밖 기러기 소리 북쪽에서 나는구나

偶吟 우연히 읊음
우 음

臥病掩扉寂寞加　閒亭高坐景非遐
와 병 엄 비 적 막 가　한 정 고 좌 경 비 하

思鄕觀月懷愁切　憶弟看山懇念家
사 향 관 월 회 수 절　억 제 간 산 간 념 가

黃菊寒天孤鴈度　靑林深壑夕陽斜
황 국 한 천 고 안 도　청 림 심 학 석 양 사

盈樽美酒相傾盡　長咏詩歌是席奢
영 준 미 주 상 경 진　장 영 시 가 시 석 사

병석에 누워 사립문 닫으니 적막이 더하고
한가한 정자에 높이 앉으니 경치가 멀지 않네
고향 생각에 달을 보니 쓸쓸한 마음 간절하고
동생 생각에 산을 보니 집 생각 간절하다
국화 핀 찬 하늘 외로운 기러기 날고
푸른 숲 깊은 골짜기에 석양이 기우네
두루미에 찬 미주는 서로 기울여 다하고
길게 읊는 시와 노래 이 자리 빛나네

登弄月亭韻 농월정에 오르다
등 농 월 정 운

曾聞弄月果幽香　遠近探賓步屐忙
증 문 농 월 과 유 향　원 근 탐 빈 보 극 망

流水累年餘白石　老松長陌立斜陽
류 수 누 년 여 백 석　노 송 장 맥 입 사 양

青山無語史如說　樓影半傾指似方
청 산 무 어 사 여 설　루 영 반 경 지 사 방

衰翁更尋難此景　古亭雲物一然蒼
쇠 옹 갱 심 난 차 경　고 정 운 물 일 연 창

일찍 농월정을 들었는데 과연 그윽한 향기 나고
멀고 가까운 데서 찾는 손 걸음 바쁘도다
흐르는 물 여러 해에 남은 돌 빛 희고
늙은 소나무 긴 둔덕 사양에 섰네
청산이 말 없음에 역사를 말하는 것 같고
누각 그림자 반 기울어 방향 가리키는 것 같구나
쇠한 늙은이 이 경치 다시 밝히기 어렵고
옛 정자 구름과 물건 한 가지로 푸르도다

散策
산 책

與君緩步暮江頭 湖色蒼空一色秋
여군완보모강두 호색창공일색추

流水潺潺浮葉去 虫聲切切使人愁
류수잔잔부엽거 충성절절사인수

日斜清天飛青鴈 月夜白沙下白鷗
일사청천비청안 월야백사하백구

吹嘯吟詩行岸路 蓼花滿發到長洲
취소음시행안로 요화만발도장주

그대와 더불어 저문 강가를 걸으니
호수 빛 하늘 빛 다 같이 가을 빛일세
흐르는 물 잔잔히 잎을 띄워 가고
벌레 소리 절절하여 사람을 수심케 한다
해 기운 맑은 하늘 푸른 기러기 날고
달밤 흰 모래엔 백구 내리도다
휘파람 불고 시 읊으며 언덕길 가니
여뀌꽃 만발한 장주에 이르도다

伽倻山
가 야 산

南國靈峯伽倻山　巒頂聳出白雲間
남 국 령 봉 가 야 산　만 정 용 출 백 운 간

鬱蒼老樹蒼空揷　重疊岩容絶壁剛
울 창 로 수 창 공 삽　중 첩 암 용 절 벽 산

深壑澗流如玉碧　滿山楓葉與松班
심 학 간 류 여 옥 벽　만 산 풍 엽 여 송 반

風光古刹相和裡　日暮歸賓惜別顔
풍 광 고 찰 상 화 리　일 모 귀 빈 석 별 안

남쪽 나라 신령한 가야산은
봉우리가 흰 구름 위에 솟았노라
울창한 늙은 나무 창공에 꽂았고
중첩한 바위는 절벽을 깎았도다
깊은 구렁 시내 흐름 벽옥 같고
만산 풍엽은 솔과 더불어 아롱지다
경치와 고찰 서로 어울리는 가운데
날 저무니 돌아가는 나그네 이별 아쉬운 낯이더라

木落寒天 나뭇잎 지고 찬 하늘
목락한천

嶺南名市有高臺 周繞青山錦繡開
령남명시유고대 주요청산금수개

隨節綠紅冬白雪 歲流石老自生苔
수절록홍동백설 세류석로자생태

清風詩席時時到 明月高堂夜夜來
청풍시석시시도 명월고당야야래

塞北霜天聲落鴈 不成殘夢遠愁催
새북상천성락안 불성잔몽원수최

영남 이름 난 저자 높은 대 있어
두루 청산이요 금수를 열었구나
철 따라 푸르고 붉고 겨울 흰 눈이요
세월 흘러 돌 늙고 저절로 이끼 나네
맑은 바람 시 자리 때때로 불어
밝은 달 높은 집에 밤마다 오노라
북쪽 서리 내린 하늘 기러기 소리 나고
이루지 못한 남은 꿈 먼 수심 재촉한다

秋收冬藏 가을에 거두고 겨울에 갈무리하다

추 수 동 장

天惠豐年秋收藏　農村到處穀盈倉
천 혜 풍 년 추 수 장　농 촌 도 처 곡 영 창

邦民糧食侊然足　祖國成長照瑞光
방 민 량 식 광 연 족　조 국 성 장 조 서 광

買上現場成盛市　出荷車馬往來昌
매 상 현 장 성 성 시　출 하 차 마 왕 래 창

農家經濟優餘裡　鄕里人心活氣彰
농 가 경 제 우 여 리　향 리 인 심 활 기 창

천혜로 풍년 들어 가을에 거두고 간직하니
농촌 도처에 곡식이 곳간에 찼더라
나라 백성 식량이 크게 족하고
조국 성장에 서광이 비치도다
매상 현장은 성시를 이루고
출하하는 차마 왕래가 번창하다
농가 경제 넉넉히 남는 가운데
향리의 인심에 활기차도다

長夜有感 긴 밤의 느낌

장 야 유 감

半壁殘燈影亦寒 空房閑坐古書看
반 벽 잔 등 영 역 한 공 방 한 좌 고 서 간

霜天露下憐黃菊 溫室窓中愛馥蘭
상 천 로 하 련 황 국 온 실 창 중 애 복 란

明月清宵詩只可 青山佳景畫猶難
명 월 청 소 시 지 가 청 산 가 경 화 유 난

一身臥病尋人絶 長夜無朋獨自嘆
일 신 와 병 심 인 절 장 야 무 붕 독 자 탄

벽에 걸린 등 그림자 또한 차고
빈 방 한가히 앉아 고서를 읽노라
서리 하늘 이슬 내리는데 황국 가엽고
온실 창 가운데 사랑하는 난초 향기 나노라
달 밝은 맑은 밤 시 짓기 좋고
푸른 산 아름다운 경치 그리기 어렵구나
이 한 몸 병들어 누우니 찾는 이 끊어지고
긴 밤 벗 없어 홀로 스스로 한탄하노라

祝于歸 우귀를 축하함
축 우 귀

吾愛孫兒嫁郡隣 오 애 손 아 가 군 린	東萊閥族鄭門人 동 래 벌 족 정 문 인
陽生陰剝猶寒節 양 생 음 박 유 한 절	瑞雪塵除此日振 서 설 진 제 차 일 진
家禮各異遵法度 가 례 각 이 준 법 도	敬親和睦又相親 경 친 화 목 우 상 친
盡心勖力天恩待 진 심 욱 력 천 은 대	萬事成功富立身 만 사 성 공 부 립 신

내 사랑하는 손녀 이웃 골로 시집가니
동네 정씨 벌족 문중이라
생양하고 음이 줄었으니 아직 찬 계절
서설이 티끌 없이하고 이날 떨치네
가례가 각각 다르나 법도를 따라
어버이 공경하고 서로 화목하고 또 서로 친절하라
마음 다하고 힘 다해 천은을 기다리고
만사 성공하고 부하고 입신하여라

雪嶽山
설악산

萬仞蒼空雪嶽山　奇峯托在白雲間
만인창공설악산　기봉탁재백운간

千巒玉色玲瓏景　白樹雪花恍惚斑
천만옥색령롱경　백수설화황홀반

願廩似山如雪壁　國家譬海富豐般
원름사산여설벽　국가비해부풍은

古人作號眞佳作　欲見其心每一般
고인작호진가작　욕견기심매일반

만 길 창공에 설악산 솟았고
기이한 봉우리는 흰 구름 사이에 의탁해 있더라
일천 봉 옥색 영롱한 경치
일백 나무 눈꽃은 황홀히 아롱졌네
곳간이 산 같고 눈이 구슬 같으면
국가는 바다같이 풍성하리라
옛사람 산 이름 참 잘 지었도다
보고파하는 마음 다 같으리

寒夜愁懷 추운 밤의 근심스러운 마음
한야수회

四月以來不整衣 사월이래불정의	草廬獨臥掩柴扉 초려독와엄시비
只名猶愧今存在 지명유괴금존재	瘦體姑生已失威 수체고생이실위
日暮寒風愁益感 일모한풍수익감	月明雪景喜心微 월명설경희심미
相招勝地歡遊友 상초승지환유우	是至書稀空鴈飛 시지서희공안비

사월 이래 의복 갖추지 못하고
초려에 혼자 누워 사립 닫고 지내네
다만 이름만 부끄럽게 남아
수척한 몸 아직 살아도 죽은 것 같네
날 저문 찬바람 더욱 쓸쓸해
달 밝은 눈 경치 그리 즐겁지 않네
서로 청해 좋은 곳 기쁘게 놀던 벗
이제는 소식도 없고 기러기만 나는구나

信仰
신 앙

紅顔美容一世英
홍 안 미 용 일 세 영

百花千草片時盛
백 화 천 초 편 시 성

人間偉力乍榮死
인 간 위 력 사 영 사

天主信心永遠生
천 주 신 심 영 원 생

홍안 미인도 일세의 영화요
많은 꽃과 풀은 잠시 성할 뿐이라
인간의 큰 힘 잠깐뿐인데
천주를 믿는 마음 영원히 살리라

隱士 은둔한 선비
은 사

深壑林風一細烟 閑棲人士似眞仙
심 학 림 풍 일 세 연 한 서 인 사 사 진 선

葺茅石築岩間屋 樹實山蔬飮澗泉
용 모 석 축 암 간 옥 수 실 산 소 음 간 천

流水鳥聲忘世事 浮雲松瑟午成眠
류 수 조 성 망 세 사 부 운 송 슬 오 성 면

動情賦作興生咏 歲月無關不覺年
동 정 부 작 흥 생 영 세 월 무 관 불 각 년

깊은 구렁 숲 바람 한 줄기 연기
한가로이 깃든 선비 참 신선 같네
띠 이고 돌 쌓아 바위 사이 만든 집
나무 열매 산채 먹고 시냇물 마시도다
흐르는 물 새 소리에 세상일 잊고
뜬 구름 솔비파에 낮잠 이루었네
뜻이 움직이면 시를 짓고 흥나면 읊고
세월 관계치 않고 해 가는 줄 몰라라

寒夜 추운 밤
한 야

親朋友會莒城南 친붕우회거성남	白髮相憐見再三 백발상련견재삼
天上銀河寒晳夜 천상은하한석야	滿霜江水鏡如淡 만상강수경여담
老身難勝風寒氣 노신난승풍한기	窮口未分味苦甘 궁구미분미고감
不覺深宵多有興 불각심소다유흥	逢場撤夜盡歡談 봉장철야진환담

친한 벗 거성 남쪽에 모여
백발을 서로 서러워 두세 번 보누나
은하수 차게 빛나는 밤
서리 찬 강물 거울같이 맑도다
늙은 몸 찬 바람 이기기 어렵고
궁한 입 쓰고 단맛을 몰라라
흥이 많으매 밤 깊음 모르고
만나니 밤새도록 환담 다하네

草堂 초당을 찾다
초 당

至月寒霄訪草堂　　人心純厚善良坊
지 월 한 소 방 초 당　　인 심 순 후 선 량 방

殘燈光下溫房席　　參老不知冷外場
잔 등 광 하 온 방 석　　삼 로 불 지 냉 외 장

談笑樂中深夜忘　　勤紡勺室機聲忙
담 소 락 중 심 야 망　　근 방 작 실 기 성 망

芳村寂寂已三更　　協合無塵自結嘗
방 촌 적 적 이 삼 경　　협 합 무 진 자 결 상

선달 찬 밤 초당을 찾으니
인심 좋은 마을이더라
등불 밑 따뜻한 방
모인 늙은이 밖 추움을 모르네
웃고 즐기는 가운데 밤 깊음을 잊고
길쌈하는 안방 베틀 소리 바쁘구나
마을은 적적한데 이미 삼경이라
협력하고 정결한 스스로 다스린 마을이라네

老松 늙은 소나무
노 송

松老百年氣益淸 송 노 백 년 기 익 청	春秋雨露悅平生 춘 추 우 로 열 평 생
四時不變持尊節 사 시 불 변 지 존 절	一吹强風碎玉聲 일 취 강 풍 쇄 옥 성
琴舞忘憂千歲壽 금 무 망 우 천 세 수	樹豊結子萬年榮 수 풍 결 자 만 년 영
疎枝貸借來棲鶴 소 지 대 차 래 서 학	博愛相親戀舊情 박 애 상 친 연 구 정

솔은 늙어 백년인데 기운 더욱 맑도다
춘추의 비 이슬 평생의 기쁨
사철 변치 않는 절개 갖고
한 번 강풍 불면 옥 부서진 소리 내누나
음악과 춤에 근심 잊고 천 년 수하고
솔방울 많으니 만 년 영화 보리라
성긴 가지 빌려 학이 깃드니
사랑하고 서로 친해 옛정을 생각하네

漫遊 여유로이 떠돌아 노님
만 유

松岳攀登路險微　　山家尋訪白雲扉
송 악 반 등 로 험 미　　산 가 심 방 백 운 비

林間穿踏烟生屐　　江渚遍遊自濕衣
림 간 천 답 연 생 극　　강 저 편 유 자 습 의

子羨知能無世敵　　我慚才鈍有雙稀
자 선 지 능 무 세 적　　아 참 재 둔 유 쌍 희

餘年如此觀光足　　或醉樓臥忘是非
여 년 여 차 관 광 족　　혹 취 루 와 망 시 비

송악을 오르니 길 험하고 좁네
산장을 찾으니 흰 구름 사립이라
임간 밟아 가니 운연이 신 밑에 나고
강물 가 두루 다니니 옷이 절로 젖더라
자네는 지능 있으니 세상에 적이 없고
나는 부끄러이 둔재라 짝이 드물다
여생에 이같이 관광이 족하니
혹 취해 루에 누워 시비를 잊노라

冬節幽懷 겨울철 마음속 깊이 간직한 회포
동 절 유 회

堪憐十月臥閒床 親友鴈書斷往行
감 련 시 월 와 한 상 친 우 안 서 단 왕 행

雪裡盆栽疎忽對 溫房蘭草阜幽香
설 리 분 재 소 홀 대 온 방 란 초 부 유 향

冷風氷下魚遊畵 暖日盤松鷺展裳
냉 풍 빙 하 어 유 화 난 일 반 송 로 전 상

石白蒼杉岩壁上 嚴冬莊景別懷長
석 백 창 삼 암 벽 상 엄 동 장 경 별 회 장

가련한 심정 참고 열 달 병상에 누워
벗의 서신 끊어졌네
눈 속에 화분 소홀히 대하고
방 안의 난초 그윽한 향기 언덕에 보내네
찬 바람 얼음 밑 고기 그림 같고
따뜻한 날 반송 위에 해오라기 날개 펴도다
흰 돌 절벽 위에 푸른 나무
엄동 장한 경치 별다른 정회더라

寒中閑會 추운 날의 한가한 모임
한 중 한 회

至月清遊白日閑 友喚來會摠知顔
지 월 청 유 백 일 한 우 환 래 회 총 지 안

微風冷氣冬眠樹 雪歇斜陽翠紫山
미 풍 냉 기 동 면 수 설 헐 사 양 취 자 산

草木易年來自綠 人生何故去無還
초 목 역 년 래 자 록 인 생 하 고 거 무 환

傾樽美酒吟詩席 豪笑歡談共樂間
경 준 미 주 음 시 석 호 소 환 담 공 락 간

선달 놀이 날이 한가하다
벗을 불러 모여 오니 다 아는 사람이라
산들바람 찬 기운 겨울 잠자는 나무
눈 갠 사양에 산은 자줏빛 푸르네
초목은 해가 바뀌어 푸르러 오는데
인생은 어찌하여 가고 돌아오지 않는고
술 마시고 시 읊는 자리
크게 웃고 환담하며 같이 즐기노라

散策
산 책

陟彼東岡朝氣寒 白霜滿野旭光丹
척 피 동 강 조 기 한 백 상 만 야 욱 광 단

松間山路速鼲怪 岩下草中驚雉看
송 간 산 로 속 혼 괴 암 하 초 중 경 치 간

風月逍遙身只可 溪巒好景畵猶難
풍 월 소 요 신 지 가 계 만 호 경 화 유 난

水流雲散何須悵 酒熟梅開且自歡
수 류 운 산 하 수 창 주 숙 매 개 차 자 환

저 동쪽 둔덕에 오르니 아침 공기 차고
흰 서리 들에 가득하고 아침 햇빛 붉도다
솔 사이 산길 빠른 다람쥐 괴이한데
바위 밑 풀 사이 놀란 꿩을 보노라
풍월을 소요하니 몸이 다만 좋고
시내와 산 경치 좋으나 그리기는 어렵네
물은 흐르고 구름 흩어지니 어찌 모름지기 슬프고
술 익고 매화 피니 스스로 기쁘네

旅行
여 행

旅路登程稀望高　身輕心悅意漸豪
여로등정희망고　신경심열의점호

一乘出發他如動　千里遠行脚不勞
일승출발타여동　천리원행각불로

錦繡江山看益好　蒼浪深海去波滔
금수강산간익호　창랑심해거파도

觀光勝地何方在　祖國一圓景美膏
관광승지하방재　조국일원경미고

나그네 길 나서니 희망 높고
몸 가볍고 마음 기뻐 뜻이 점점 호탕하여라
차 타고 출발하니 다른 물체가 움직이는 것 같아
천 리나 멀리 가도 다리는 아프지 않구나
금수강산 볼수록 아름답고
푸른 물결 깊은 바다 갈수록 물결 높게 흐르네
관광 좋은 곳 어딘가 하니
조국 전체가 경치 좋고 아름다워라

望月 보름달
망 월

寒氣無風霜滿天
한 기 무 풍 상 만 천

客窓望月幾回圓
객 창 망 월 기 회 원

今宵何故不成夢
금 소 하 고 불 성 몽

日暮虛空鎖暮烟
일 모 허 공 쇄 모 연

찬 기운 바람 없이 서리는 하늘에 찼고
객창 망월이 몇 번이나 둥글었다
이 밤 어이하여 잠 이루지 못하는가
날 저문 허공에 모연이 끼었구나

懷心曲 마음속 깊이 품은 노래

회 심 곡

錦水江邊沙似雪
금 수 강 변 사 사 설

莒城城外月如霜
거 성 성 외 월 여 상

忽聞何處回心曲
홀 문 하 처 회 심 곡

旅客愁懷倂望鄕
여 객 수 회 병 망 향

금호강 가 모래가 눈같이 희고

거성 성 밖 달빛 서리같이 희구려

홀연히 어디서 회심곡 들으니

나그네 슬픈 마음 다 고향을 바라보더라

思南美移住女兒 남미 이주한 여아를 생각한다
사 남 미 이 주 여 아

寓居臥病夕茫沈 獨宿回思汝顏音
우 거 와 병 석 망 침 독 숙 회 사 여 안 음

十五夜中明月色 萬千里外女息心
십 오 야 중 명 월 색 만 천 리 외 녀 식 심

錦湖江水烟波冷 西嶺蒼林霧鎖深
금 호 강 수 연 파 냉 서 령 창 림 무 쇄 심

只恐清光同不見 南邦疑候足晴陰
지 공 청 광 동 불 견 남 방 의 후 족 청 음

우거에 병들어 누웠으니 저녁이 아득하다
혼자 누워 생각하니 네 얼굴과 음성이 눈에 선하다
십오야 밝은 달빛
만 리 밖 여식의 마음 같네
금호강물 연파가 차갑고
서쪽 재 푸른 숲 안개 깊이 끼었구려
다만 이 맑은 빛 같이 못 볼까 두려워하고
남쪽 나라 기후가 맑을지 그늘질지 의심하노라

夜不成夢 밤에 꿈을 이루지 못해
야 불 성 몽

侵夜氣凉臥病軀 多情明月滿庭隅
침 야 기 량 와 병 구 다 정 명 월 만 정 우

樹枝垂露成涓滴 天上星稀暫有無
수 지 수 로 성 연 적 천 상 성 희 잠 유 무

日暮亂飛螢自照 淸宵渚泊鷺相呼
일 모 난 비 형 자 조 청 소 저 박 로 상 호

世間萬事玆然動 人莫悲愁與境俱
세 간 만 사 자 연 동 인 막 비 수 여 경 구

밤 기운이 서늘한 병든 몸에 침노하는데
다정한 밝은 달은 뜰 구석에 찼구려
나뭇가지 이슬은 뚝뚝 물방울 되어 흐르고
하늘엔 드문 별 반짝이며 있다가 없다가 하더라
날 저물어 날아다니는 반딧불 반짝이고
맑은 밤 물가에는 해오라기 서로 부르는구나
세상만사가 이렇게 움직이고 있는데
사람들아 슬퍼들 말고 환경에 따라 같이하라

登高 높은 데 오르다
등 고

天碧急風猿嘯哀 천 벽 급 풍 원 소 애	江清砂白鷺徘迴 강 청 사 백 로 배 회
無涯裸木寒蕭立 무 애 나 목 한 소 립	不盡長流慢漾來 부 진 장 류 만 양 래
千里他鄉愁一客 천 리 타 향 수 일 객	百年悔恨獨登臺 백 년 회 한 독 등 대
平生所願故還夢 평 생 소 원 고 환 몽	白髮閒亭飮酒杯 백 발 한 정 음 주 배

푸른 하늘 바람 급한데 원숭이 울고
강은 푸르고 모래 희니 해오라기 배회하더라
끝없는 나목 쓸쓸히 섰는데
다할 줄 모르는 강물 넘실넘실 흘러오네
천 리 타향에 수심 있는 나그네
백 년 한 품고 홀로 대에 오르네
평생 소원은 고향에 가는 것뿐인데
백발 늙은이 한가한 정자에서 술을 마시노라

幼時看栢浦城上游會 어릴 때 백포성 놀이를 보고

유 시 간 백 포 성 상 유 회

老去悲秋强自寬　興高此宴盡心歡
로 거 비 추 강 자 관　흥 고 차 연 진 심 환

屈身妙技懽聲動　美倩舞人負背冠
굴 신 묘 기 환 성 동　미 천 무 인 부 배 관

洛水遠流千澗合　鵲烏栢浦兩峯寒
낙 수 원 류 천 간 합　작 오 백 포 양 봉 한

夕陽散會歸家路　醉挿楓枝扶步看
석 양 산 회 귀 가 로　취 삽 풍 지 부 보 간

늙어 가는 슬픔 억지로 참으며
흥 높은 이 잔치 기쁜 마음 다하네
몸 굽혀 묘기하니 환성이 일어나고
춤 추는 남자 갓을 등에 졌구나
낙동강 물 멀리 흐르며 많은 시내 합했고
작오 백포 두 봉우리 차갑게 보이네
석양에 흩어져 돌아가는 길
취해 단풍 가지 꽂고 부축해 가는 이 보노라

待春 봄을 기다림
대 춘

冬勢猶寒裸樹鳴 東皇未久更蘇生
동 세 유 한 나 수 명 동 황 미 구 갱 소 생

河川凍結堅如陸 山岳雪光潔似晶
하 천 동 결 견 여 륙 산 악 설 광 결 사 정

冷夜酷風巷徑暗 高樓火燭獨堂明
냉 야 혹 풍 항 경 암 고 루 화 촉 독 당 명

去陰此地來春曉 待望花開八莒城
거 음 차 지 래 춘 효 대 망 화 개 팔 거 성

겨울이 아직 차가워 옷 벗을 나무 울고
동황이 얼마 안 가 다시 소생시키려 하네
하천 얼어 굳기가 육지 같고
산에 남은 눈 빛 맑기가 수정 같네
찬 밤 혹독한 바람 마을 길 어둡고
높은 누 불빛은 홀로 방을 밝게 하노라
겨울이 간 이 땅에 봄 새벽 오매
기다리던 꽃 팔거성에 피더라

待父女相逢 부녀상봉 기다리며

대 부 녀 상 봉

癸亥多難歲暮時 忽然南美女兒思
계 해 다 난 세 모 시 홀 연 남 미 녀 아 사

群鴉棲息非成夢 歸鴈來傳得信知
군 아 서 식 비 성 몽 귀 안 래 전 득 신 지

每日數回還憶憶 明年七月待遲遲
매 일 수 회 환 억 억 명 년 칠 월 대 지 지

與爾送別九年度 吾主許逢感謝慈
여 이 송 별 구 년 탁 오 주 허 봉 감 사 자

계해년 다난했던 세모 때
홀연히 남미의 여아 생각나네
뭇 까마귀 다 깃드는데 잠을 이루지 못하고
기러기 돌아와 소식 알았도다
날마다 돌아오길 여러 번 생각나고
명년 칠월 온다니 기다리기 지루해라
너와 이별하고 아홉 해 세니
우리 주 만남을 허락하는 사랑 감사하노라

除夜 설달 그믐날 밤

제 야

寓居草盧歲暮迎 霜鬢衰老又除年
우 거 초 로 세 모 영 상 빈 쇠 로 우 제 년

今宵暗黑星暉夜 平夕無異意悵然
금 소 암 흑 성 휘 야 평 석 무 이 의 창 연

臥病寒床孤不寢 何時家族樂同筵
와 병 한 상 고 불 침 하 시 가 족 락 동 연

恨多苦事皆掃送 非怨非愁却忘憐
한 다 고 사 개 소 송 비 원 비 수 각 망 련

우거 오두막집에 세모 맞으니
흰 귀밑머리 쇠한 늙은이 또 한 해 보내누나
이 밤 그믐 별 반짝이는 밤
평일 저녁과 다름없는데 마음 슬퍼라
병상에 홀로 잠 못 이루고
언제나 온 가족 한 자리에 즐길고
한 많고 괴로운 일 모두 쓸어버리고
원망 없고 수심 없이 슬픔 잊노라

舊正所感 설날(구정)의 소회

구 정 소 감

聞鷄甲子闢朝新 還曆回春不似春
문 계 갑 자 벽 조 신 환 력 회 춘 불 사 춘

錦水結氷如固陸 渡江捷徑見渡人
금 수 결 빙 여 고 륙 도 강 첩 경 견 도 인

巷間生活相交在 社會協同必有隣
항 간 생 활 상 교 재 사 회 협 동 필 유 인

互樂和親共發展 如玆鄕裏欲如仙
호 락 화 친 공 발 전 여 자 향 리 욕 여 선

닭이 울어 갑자 새 아침 열리니
해가 바뀌어 봄이 와도 봄 같지 않네
금수 얼어 육지 같으니
강 건널 지름길 건너는 이 보겠네
항간의 생활은 서로 사귐에 있나니
사회 협동함에 반드시 이웃 있도다
서로 즐기고 화친하여 같이 발전하니
이 같은 고장에서 신선같이 살고 싶어라

樓上懷心 정자 위에서 품은 마음
루 상 회 심

花笑高樓傷客心 多愁多事是登臨
화 소 고 루 상 객 심 다 수 다 사 시 등 임

洛江春景盈天地 金岳浮雲變古今
낙 강 춘 경 영 천 지 금 악 부 운 변 고 금

東國姦夢終止息 北方惡魔却來侵
동 국 간 몽 종 지 식 북 방 악 마 각 래 침

百忍養力和平裏 統一完成凱曲吟
백 인 양 력 화 평 리 통 일 완 성 개 곡 음

꽃 핀 높은 루 나그네 마음 상하고
수심 많고 일 많아 여기 오르니
낙동강 봄 경치 천지에 가득하고
금오상봉 뜬 구름 옛날과 다르네
동쪽 나라 간사한 꿈 그쳤건만
북쪽 악마들은 와서 침노하네
백 번 참고 힘 키워 평화로이
통일 완성하고 개선가를 읊으리

江邊有感 강변에서의 느낌
강 변 유 감

獨步江邊意渺然 月光水色共連天
독 보 강 변 의 묘 연 월 광 수 색 공 련 천

吹簫散策朋何處 風景無異似去年
취 소 산 책 붕 하 처 풍 경 무 이 사 거 년

鴉散盡空寥寂漠 鴈飛聲落客情憐
아 산 진 공 료 적 막 안 비 성 락 객 정 련

今宵有友吟詩作 勝地優遊樂似仙
금 소 유 우 음 시 작 승 지 우 유 락 사 선

홀로 강변 걸으니 생각이 아득한데
달빛과 물빛과 같이 하늘에 연했도다
피리 불며 산책하던 벗 어디로 갔는고
풍경은 한결같이 거년과 같네
까마귀 흩어지고 적막한데
기러기 소리에 나그네 마음 쓸쓸하다
이 밤에 벗과 더불어 시 지어 읊었으면
승지 좋은 놀음 즐겁게 신선 같을 것을

立春有感 입춘에 대한 느낌
입 춘 유 감

立春何事似嚴冬 입 춘 하 사 사 엄 동	陽建猶寒凍酷攻 양 건 유 한 동 혹 공
北到冷風飜白髮 북 도 냉 풍 번 백 발	東皇溫氣吝如從 동 황 온 기 인 여 종
庭梅殘雪允姚態 정 매 잔 설 윤 요 태	松柏嶺風守節容 송 백 령 풍 수 절 용
未久日和芳草茁 미 구 일 화 방 초 줄	烟霞山野老速節 연 하 산 야 로 속 절

입춘에 어인 일로 엄동 같고
건양에 오히려 혹한일세
북쪽 찬 바람 백발 날리고
동황은 따스한 기운 인색하네
뜰 매화는 눈 속에 예쁘게 피었고
송백은 고개 언덕에 절개를 지키네
곧 화창한 날 잔디 돋으면
아지랑이 낀 산과 들 늙은이들 구경 나올 것이라

春朝 봄 아침
춘 조

春困枕邊聞鳥聲
춘 곤 침 변 문 조 성

起醒東牖迎朝明
기 성 동 유 영 조 명

新鮮爽氣庭隅滿
신 선 상 기 정 우 만

旭日蒼天暻地盈
욱 일 창 천 경 지 영

춘곤하니 새소리를 머리맡에서 듣고

잠 깨 일어나니 동창 밝았네

새롭고 시원한 공기 뜰에 가득한데

아침 해 푸른 하늘 폈고 햇빛은 땅에 가득하구나

曉月 새벽달
효 월

衰身亂夢感晨寒　忽起西窓曉月殘
쇠 신 난 몽 감 신 한　홀 기 서 창 효 월 잔

獨我霜天淸景望　故人應醉未醒看
독 아 상 천 청 경 망　고 인 응 취 미 성 간

何時親友同詩酒　世事多難豫測難
하 시 친 우 동 시 주　세 사 다 난 예 측 난

已老病儂何願有　只朋招請樂遊安
이 로 병 농 하 원 유　지 붕 초 청 락 유 안

쇠한 몸 어지러운 꿈 새벽 차가움을 느껴
홀연히 일어나니 새벽달 서창에 비추네
홀로 서리 하늘 맑은 경치 바라보니
벗은 응당 취하여 보지 못할 거라
언제나 벗과 같이 시와 술을 즐길고
세상사 어려움 많으니 예측하기 어렵구나
이미 늙고 병든 나 어찌 원이 있으리오
다만 벗을 청해 즐겁고 마음 편히 놀고파라

春懷 봄의 마음
춘 회

孟春日氣益和清　風急難侵我意城
맹 춘 일 기 익 화 청　풍 급 난 침 아 의 성

身老臥床靈不死　心猶强志壽還生
신 로 와 상 령 불 사　심 유 강 지 수 환 생

陽遮雲霧皆飛去　罹病憂愁未快晴
양 차 운 무 개 비 거　리 병 우 수 미 쾌 청

塵世隱居探訪問　有誰何必說吾名
진 세 은 거 탐 방 문　유 수 하 필 설 오 명

맹춘 일기 더욱 화하고 맑다
거센 바람도 내 뜻의 성은 침노하기 어려우리
몸 늙어 누워도 영은 죽지 않아
마음의 강한 뜻 목숨 도로 살리네
빛을 가린 운무도 다 날아갔는데
병든 수심 아직 개지 않노라
진세에 숨어 사는데 찾는 이 없는데
누가 있어 어찌 내 이름 말하는고

幽居 그윽하게 삶
유 거

虛送光陰白髮頭 晩來鬪病居閒幽
허 송 광 음 백 발 두 만 래 투 병 거 한 유

本心怪急堪爲德 恒情寬和務却愁
본 심 괴 급 감 위 덕 항 정 관 화 무 각 수

俗世不踰惟百歲 永生苦海衆生浮
속 세 불 유 유 백 세 영 생 고 해 중 생 부

人間社會波多險 友有乘來風月舟
인 간 사 회 파 다 험 우 유 승 래 풍 월 주

허송세월에 머리는 희고
늦게야 병과 싸움에 한가하게 지내노라
본래 성미가 급하기에 참음을 덕으로 삼고
항상 마음을 너그럽고 화하게 갖고 힘써 근심을 물리치네
속세에서는 백세를 넘지 못하는데
영생할 고해에 중생이 떴도다
인간 세상은 파란 많고 험한데
벗이 풍월 배를 타고 오누나

鄕愁 고향을 그리워하며
향 수

旅窓寂寂夜淸深 塵世慾心腦裡侵
여창적적야청심 진세욕심뇌리침

江水悠流東海意 靑山無限故鄕心
강수유류동해의 청산무한고향심

閑雲城郭歸來客 落日歸途放浪吟
한운성곽귀래객 락일귀도방랑음

常夢向鄕思切切 卽奔還去念難禁
상몽향향사절절 즉분환거념난금

여창 적적하고 밤은 맑고 깊은데
티끌 세상 욕심이 뇌 속을 침로하네
강물 유유히 흘러 동해로 갈 뜻이요
청산은 한없이 고향 생각의 마음이라
한가한 구름 성곽에 떴고 나그네 오고가는데
석양에 가는 길에 노래 구슬프네
항상 꿈은 고향 향하고 생각은 간절하니
곧 돌아갈 생각 금치 못해라

古木 늙은 나무
고 목

古木川邊不記年　恒時基下水潺湲
고 목 천 변 불 기 년　항 시 기 하 수 잔 원

一生炎暑爲他立　百怯風霜堪不傳
일 생 염 서 위 타 립　백 겁 풍 상 감 불 전

黃鳥請來歌舞樂　白鷗時夢月遊船
황 조 청 래 가 무 락　백 구 시 몽 월 유 선

綠陰淨處詩仙席　吟興巡杯醉晝眠
록 음 정 처 시 선 석　음 흥 순 배 취 주 면

냇가 늙은 나무 몇 해나 되는지
항상 그 아래 잔잔한 물소리 듣네
일생 더운 날 남을 위해 섰고
백 번 겁나는 풍상 참고 전하지 않네
꾀꼬리 불러 노래 춤 즐기고
백구는 때로 달 아래 뱃놀이 꿈이로다
푸른 그늘 고요한 곳 시선의 자리요
읊고 홍이 나 도는 잔에 취해 낮잠 자노라

三一運動六十五周年
삼 일 운 동 육 십 오 주 년

三一於焉六五回　我年纔九小愚孩
삼 일 어 언 육 오 회　아 년 재 구 소 우 해

國無怨恨忿悲極　獨立眞心怒起來
국 무 원 한 분 비 극　독 립 진 심 노 기 래

萬歲喊聲天地動　屍山血海宙坤哀
만 세 함 성 천 지 동　시 산 혈 해 주 곤 애

此誠爲玉邦光復　是意無斷永遠開
차 성 위 옥 방 광 복　시 의 무 단 영 원 개

삼일운동 어언간 육십오회로고
그때 내 나이 겨우 아홉 어리석은 아해였어
나라 잃은 원한과 비분이 극에 달했고
독립 참마음 노도되어 일어나섰지
만세 함성은 천지가 움직이고
시체의 산 피바다는 우주가 슬퍼했었지
이 정성 옥이 되어 나라가 광복되고
이 뜻 끊기지 않고 영원히 열리리라

祝榮轉 영전을 축하함
축 영 전

萬物身伸始動時　和風暖氣日遲遲
만 물 신 신 시 동 시　화 풍 난 기 일 지 지

一生英育眞誠盡　二世成長智德垂
일 생 영 육 진 성 진　이 세 성 장 지 덕 수

今次轉任榮譽燦　將營敎育刷新馳
금 차 전 임 영 예 찬　장 영 교 육 쇄 신 치

願君自重心身愛　祖國光榮總注慈
원 군 자 중 심 신 애　조 국 광 영 총 주 자

만물이 몸 펴 움직이기 시작할 때
화한 바람 따스한 기운 날 지지하다
일생을 영육에 참 정성 다하고
이세 성장하는 데 지와 덕을 이루었네
이번 영전에 영예가 빛나고
장차 경영할 교육 쇄신하여 달리리라
원컨대 그대 자중해서 마음과 몸 사랑하여
조국 광영에 모든 사랑을 쏟으소서

春宵閑居 봄 밤의 조용한 거처
춘 소 한 거

山南山北雪皆消　殘夢悠悠苦短宵
산 남 산 북 설 개 소　잔 몽 유 유 고 단 소

旅路一生多喜慼　草廬閑居少尋僚
려 로 일 생 다 희 척　초 려 한 거 소 심 료

靑雲深谷春深去　細雨石川白石踰
청 운 심 곡 춘 심 거　세 우 석 천 백 석 유

忽憶海南移住女　何人能解我寥寥
홀 억 해 남 이 주 녀　하 인 능 해 아 료 료

산 남쪽 산 북쪽 눈 다 녹고
시잔한 꿈 유유하고 괴로운 밤 짧도다
나그네 길 한평생 기쁘고 슬픔 많고
초려에 한거하니 찾는 벗 적도다
푸른 구름 깊은 골 봄도 깊어가고
가는 비 석천에 흰 돌 넘나드네
홀연 바다 남쪽 먼 나라 이주한 여식 생각하고
어느 사람이 능히 내 쓸쓸함을 풀리오

迎春 봄맞이
영 춘

爲迎春來纔出門　洛江東岸有遊園
위 영 춘 래 삼 출 문　낙 강 동 안 유 유 원

雲霞未歇風烟夢　雨露已晴沮霧痕
운 하 미 헐 풍 연 몽　우 로 이 청 저 무 흔

日暖路傍新草綠　風寒山麓舊荒原
일 난 로 방 신 초 록　풍 한 산 록 구 황 원

送逢此事年年在　惟懼紛紛到髮根
송 봉 차 사 년 년 재　유 구 분 분 도 발 근

오는 봄 맞으러 겨우 문을 나서니
낙동강 동쪽 언덕 유원지 있도다
운하 덜 개어 풍연이 꿈속에 있고
우로가 이미 갰으나 안개 젖은 흔적이라
날이 따스하니 길가 새 풀 푸르고
바람 차니 산기슭 묵은 거친 들이라
보내고 만나는 일 해마다 있는데
오직 분분한 것이 머리 뿌리 이를까 두렵도다

次初月韻 초승달 운에 따라

차 초 월 운

每夕親來夜夜斜　蒼空如海豁無遮
매 석 친 래 야 야 사　창 공 여 해 활 무 차

娥眉近似閨中女　華淡盼容隱砌花
아 미 근 사 규 중 녀　화 담 반 용 은 체 화

琢玉片舟宜繡鶴　曲弓投擲可驚鴉
탁 옥 편 주 의 수 학　곡 궁 투 척 가 경 아

漸增潤皓圓盈滿　望月明光溢我家
점 증 윤 호 원 영 만　망 월 명 광 일 아 가

저녁마다 친히 와 밤마다 비끼고
창공이 바다 같으니 가림 없이 트였도다
규중 처녀의 예쁜 눈썹 같고
그 맑은 반쪽 얼굴은 섬돌에 가린 꽃 같도다
다듬은 옥 조각배는 학수에 적당하고
굽은 활 던졌으니 갈까마귀 놀라기 알맞도다
점점 불어 희고 원이 가득 차면
보름달 밝은 빛 우리 집에 넘치리

暮春 늦은 봄
모 춘

數間草屋莒城隣 萬首作詩不救貧
수 간 초 옥 거 성 린 만 수 작 시 불 구 빈

鴈去鴈來還過歲 花開花落卽經春
안 거 안 래 환 과 세 화 개 화 락 즉 경 춘

展書探讀平生友 照鏡異驚曩日人
전 서 탐 독 평 생 우 조 경 이 경 낭 일 인

可笑改非心尙在 病床多恨不從身
가 소 개 비 심 상 재 병 상 다 한 불 종 신

두어 간 초옥 거성 이웃에 있고
만수의 시가 가난을 구하지 못하도다
기러기 가고 오고 하는데 세월만 흐르고
꽃 피고 지니 곧 봄만 지나도다
책 펴 탐독하니 평생 벗이요
거울에 비친 사람 어제와 다름에 놀라도다
가소롭다 비를 고치려는 마음 아직 있는데
병상의 많은 한 몸이 따르지 않음이라

洛東江
낙 동 강

洛江漾漾白鷗飛
락 강 양 양 백 구 비

綠樹春深碧染衣
록 수 춘 심 벽 염 의

來去風塵人自老
래 거 풍 진 인 자 로

斜陽撫送釣翁歸
사 양 무 송 조 옹 귀

낙동강 양양이 흐르는데 백구는 날고
녹수에 봄은 깊어 푸름이 옷에 물들도다
오고가는 풍진 가운데 사람은 저절로 늙고
사양은 조옹을 어루만져 보내도다

春遊 봄놀이
춘 유

青柳垂枝掛石欄 청 류 수 지 매 석 란	蒼波白鷺立清湍 창 파 백 로 립 청 단
帆舟湖上操長棹 범 주 호 상 조 장 도	漁老江邊揷釣竿 어 로 강 변 삽 조 간
閑士與朋詩酒樂 한 사 여 붕 시 주 락	佳姬舞顔多陽丹 가 희 무 안 다 양 단
歡遊日暮江村暗 환 유 일 모 강 촌 암	更約歸程送別難 갱 약 귀 정 송 별 난

푸른 버들 늘어진 가지 석난에 걸렸고
창파에 백로 맑은 여울에 섰도다
돛단배 호수 위에 긴 노 젓고
고기잡이 늙은이 강변에 낚싯대 꽂도다
한가한 선비 벗과 더불어 시주를 즐기고
아리따운 계집 춤추는 낯에 석양이 붉도다
즐거운 놀이 날 저물어 강마을 어둡고
다시 언약하고 돌아가는 길 송별이 어려워라

偶吟 우연히 읊음
우 음

節序清明已過丘　羈留病客臥南州
절서청명이과구　기류병객와남주

菜花遠浦飛蜂蝶　流水長沙弄鷺鷗
채화원포비봉접　류수장사롱로구

日落西山東嶺月　渺然烟霧送孤舟
일락서산동령월　묘연연무송고주

何緣幸得神仙境　玉笛聲聞坐碧樓
하연행득신선경　옥적성문좌벽루

절후는 청명이 이미 둔덕을 지났고
나그네 병든 손 남주에 누웠노라
채화 원포에 봉접이 날고
유수 장사에 노구가 희롱하도다
해는 서산에 지고 달은 동령에 오르고
묘연한 연무 속에 외로운 배 보내노라
무슨 인연으로 다행히 선경을 얻어
옥적 소리 들으며 벽루에 앉았도다

穀雨會
곡 우 회

與友賞春陟彼樓 蒼屛盡野午烟收
여 우 상 춘 척 피 루 창 병 진 야 오 연 수

淸溪玉水滌千歲 峻岳靑峰立萬秋
청 계 옥 수 척 천 세 준 악 청 봉 립 만 추

谷谷杜鵑紅色散 坊坊傾酒紫光流
곡 곡 두 견 홍 색 산 방 방 경 주 자 광 류

繫留此景長連在 槿域佳園勝海洲
계 류 차 경 장 련 재 근 역 가 원 승 해 주

벗과 봄 구경하러 저 루에 오르니
푸른 병풍 들에 다해 낮 연기 거두었도다
맑은 시내 옥 같은 물 천세에 흐르고
높은 뫼뿌리 푸른 봉이 만추에 섰도다
곳곳이 두견화 붉은 색 되고
방방이 술 기울여 자줏빛 흐르네
이 경치 잡아매어 오래 있으면
근역 아름다운 동산 해주보다 나으리

登遠慕齋 원모재에 오르다
등 원 모 재

我到山齋在友先　　莒城四月日如年
아 도 산 재 재 우 선　　거 성 사 월 일 여 년

霞帷已歇溫和晝　　雲淡風輕起午烟
하 유 이 헐 온 화 주　　운 담 풍 경 기 오 연

賢士遺香槐陰滿　　詩仙興氣四隣連
현 사 유 향 괴 음 만　　시 선 흥 기 사 린 련

高樓華閣優遊樂　　偕許吾曹與酒仙
고 루 화 각 우 유 락　　해 허 오 조 여 주 선

내가 산재에 이르니 벗이 먼저 와 있고
거성의 사월 날이 해와 같도다
노을 휘장 이미 걷히고 온화한 낮
구름 맑고 바람 가벼운데 낮 연기 일도다
어진 선비 끼친 향기 느티나무 그늘에 찼고
시선의 흥이 넷 이웃 연하였네
높은 누 화려한 집 놀기 즐겁고
무리들 모두 술과 더불어 신선이 됐노라

三樂會總會 삼락회 총모임

삼 락 회 총 회

晩到新園上此樓　周圍奇觀忘鬂愁
만 도 신 원 상 차 루　주 위 기 관 망 빈 수

隔年對面歡乎裡　今日情談笑海浮
격 년 대 면 환 호 리　금 일 정 담 소 해 부

滿座會員離俗態　一場詩酒是風流
만 좌 회 원 리 속 태　일 장 시 주 시 풍 류

人生塵世分仔畢　隱士偸閒勝地休
인 생 진 세 분 자 필　은 사 투 한 승 지 휴

늦게 새 공원에 와 이 루에 오르니
주위 기관에 빈수를 잊도다
해 걸러 만나 즐거운 가운데
오늘 정담 웃음바다에 떴도다
자리에 찬 회원 속태를 떠났고
한 마당 시주에 이것이 풍류로다
인생 풍진 세상 맡은 바 마치고
숨은 선비 한가한 틈에 좋은 곳에 쉬노라

서울大公園
대 공 원

畵如園景水山光 一日閒情忘事忙
화 여 원 경 수 산 광 일 일 한 정 망 사 망

百獸千禽皆怪態 萬林億草總幽香
백 수 천 금 개 괴 태 만 림 억 초 총 유 향

伊誰設計傾心赤 今我優遊撫鬢蒼
이 수 설 계 경 심 적 금 아 우 유 무 빈 창

特地規模雄且大 看人嘆語冠東方
특 지 규 모 웅 차 대 간 인 탄 어 관 동 방

그림 같은 경치 물과 산 빛나고
하루 한가로운 정 바쁜 일 잊도다
백수 천금 다 기이하고
만림 억초가 다 그윽한 향기로다
저 뉘가 설계했는지 심혈을 기울였고
지금 나 잘 놀아 창빈 어루만지네
특별한 땅 짜임이 웅장하고 커
보는 이 감탄하는 말 동방에 으뜸이라

薔薇
장 미

籬下薔薇未發叢
리 하 장 미 미 발 총

何時招蝶弄花紅
하 시 초 접 롱 화 홍

昨宵慈雨重塵洗
작 수 자 우 중 진 세

今日收雲一度風
금 일 수 운 일 도 풍

울 밑 장미 피지 않는 떨기
언제나 나비 청해 붉은 꽃 하리
어젯밤 비로 티끌 씻으니
오늘 구름 걷히고 바람 불면 피겠네

次花石亭韻 화석정운에 따라
차 화 석 정 운

石亭初夏景 석 정 초 하 경	使客興無窮 사 객 흥 무 궁
古木連天綠 고 목 련 천 록	佳花點郭紅 가 화 점 곽 홍
先賢遺躅地 선 현 유 촉 지	後學挹高風 후 학 읍 고 풍
欄下臨津岸 란 하 임 진 안	俗塵滌水中 속 진 척 수 중

석정 초여름 경치는
나그네로 하여금 홍이 무궁하여라
고목은 하늘에 연해 푸르고
아름다운 꽃 성곽에 점점 붉었도다
선현의 자취 남은 땅
후학이 높은 풍 받들도다
난간 밑 임진강 둔덕
속진을 물 가운데 씻도다

獨上遠慕齋 홀로 원모재에 오르다

독 상 원 모 재

槐老陰深夏欲寒 收扇安坐不知汗
괴 로 음 심 하 욕 한 수 선 안 좌 불 지 한

登齋俯觀淸流水 倚檻遼看快歇巒
등 재 부 관 청 류 수 의 함 요 간 쾌 헐 만

耕地勤勞農者願 移秧成豊一心丹
경 지 근 로 농 자 원 이 앙 성 풍 일 심 단

廣田似海人非足 堪恨長繩繫日難
광 전 사 해 인 비 족 감 한 장 승 계 일 난

늙은 느티나무 그늘 깊이 여름이 차고자 하고
부채 거둬 편히 앉았으니 땀을 모르겠도다
루에 올라 굽어보니 맑은 물 흐르고
난간에 의지해 멀리 쾌청히 갠 산을 보노라
부지런히 땅 가는 농부의 바람은
모내어 풍년 이루는 한마음 붉도다
넓은 논 바다 같은데 사람 모자라
한스럽다 긴 새끼줄 같은 해를 매기 어려워라

思鄕 고향생각
사 향

綠樹鶯啼歸夢遲　　草廬夏日夕陽時
록 수 앵 제 귀 몽 지　　초 려 하 일 석 양 시

窓前獨坐探詩句　　門外來賓未覺知
창 전 독 좌 탐 시 구　　문 외 래 빈 미 각 지

園內盆栽花滿發　　墻邊青柳垂千枝
원 내 분 재 화 만 발　　장 변 청 류 수 천 지

遠山雲在無窮意　　倚檻鄕思詠古詩
원 산 운 재 무 궁 의　　의 함 향 사 영 고 시

녹수에 꾀꼬리 울고 돌아갈 꿈 늦고
초려에 여름날 석양 때로다
창 앞에 홀로 앉아 시구를 생각할제
문 밖에 손님 온 것을 모르노라
뒤원에 화분은 꽃이 만발하고
담 가장자리 푸른 버들 일천 가지 이뤘도다
먼 산에 구름 얽히니 마음 무궁한데
난간에 의지하여 고향생각에 옛 시 읊노라

次古寺新亭韻 고사신정운에 따라
차 고 사 신 정 운

鎖雲亭下客停笻　　澗水淸流似待儂
쇄 운 정 하 객 정 공　　간 수 청 류 사 대 농

湖闊蒼波魚躍動　　山高深壑鶴徊松
호 활 창 파 어 약 동　　산 고 심 학 학 회 송

烟含綠樹幽然態　　霧歇碧巒尙舊容
연 함 록 수 유 연 태　　무 헐 벽 만 상 구 용

古寺深林多趣味　　杜鵑聲後又疎鐘
고 사 심 림 다 취 미　　두 견 성 후 우 소 종

구름 얽힌 정자 아래 손의 작지 멈추니
시냇물 맑게 흘러 나를 기다린 것 같도다
호수　　고 푸른 물에 고기 뛰고
높은 산 깊은 구렁 솔 위에 학 나노라
연기 머금은 푸른 나무 그윽한 모양이고
안개 개인 푸른 봉우리 옛 모습 좋구나
고사 깊은 수풀 취미가 많고
두견새 울고 나니 또 종소리 들리네

偶吟 우연히 읊음
우 음

錦湖沙渚許鷗班　白首相逢喜古顏
금호사저하구반　백수상봉희고안

待友淸霄明月立　送君夕陽白雲還
대우청소명월립　송군석양백운환

經書精讀閑筵坐　燈火可親草屋間
경서정독한연좌　등화가친초옥간

流歲不關詩酒樂　患身倚在舊江山
류세불관시주락　환신의재구강산

금호 물가 해오라비와 짝지으니
백발이 서로 만나 옛 얼굴 즐기도다
벗 기다리는 밤 밝은 달에 서고
그대 보낸 석양 흰 구름 돌아오네
경서 읊고 읽는 한가한 자리 앉으니
등화가 친한 초옥 사이더라
흐르는 세월 잊고 시와 술 즐기고
병든 몸 옛 강산에 의지해 있노라

初月 초승달
초 월

萬里蒼波一片舟　纖眉佳妓似登樓
만 리 창 파 일 편 주　섬 미 가 기 사 등 루

青天廣闊孤瓠泛　蒼海渺然獨湎流
청 천 광 활 고 호 범　창 해 묘 연 독 면 류

雖遠在空明送影　白雲近接遮容愁
수 원 재 공 명 송 영　백 운 근 접 차 용 수

優遊此夜已斜月　願訴牽牛欲繫留
우 유 차 야 이 사 월　원 소 견 우 욕 계 류

만 리 창파에 한 조각배요
고운 눈썹 아리따운 기생 루에 오름과 같도다
푸르고 넓은 하늘 외로이 뜬 쪽박이요
푸른 바다 아득한데 홀로 떠내려 가노라
비록 먼 데 있으나 밝은 그림자 보내고
흰 구름 가까이 와 가릴까 걱정이라
멋있게 노는 이 밤 이미 달 기울고
견우에게 호소하여 붙잡기를 원하노라

眞生 참된 삶
진 생

俗世衆人莫釣名　　不知其裡害眞生
속 세 중 인 막 조 명　　불 지 기 리 해 진 생

回心入敎修功有　　惟一信天共主成
회 심 입 교 수 공 유　　유 일 신 천 공 주 성

午晃落陽霄漸暗　　夜陰得月晝如明
오 황 락 양 소 점 암　　야 음 득 월 주 여 명

人間愛信傳無滅　　聖道同行欲啓程
인 간 애 신 전 무 멸　　성 도 동 행 욕 계 정

속세 뭇사람아 헛된 이름 낚으려 하지 마라
알지 못하는 가운데 참삶 해치리라
마음 돌려 입교하여 공을 닦으면
하나인 하늘 믿어 주와 함께 함을 이루리라
황홀한 낮 빛 지고 밤 어두우면
밤 그늘 달을 얻어 낮같이 밝으리
사람을 사랑하여 믿음 전하면 멸함이 없고
성도들 같이 가는 길을 열고자 하노라

三女歸國受電 삼녀 귀국 전보 받고

삼 녀 귀 국 수 전

相思似夢夢中尋 상 사 사 몽 몽 중 심	汝顔如銀照眼森 여 안 여 은 조 안 삼
送別十年來電到 송 별 십 년 래 전 도	還逢近日聽聲音 환 봉 근 일 청 성 음
每宵二更情談樂 매 소 이 경 정 담 락	一刻三秋待苦心 일 각 삼 추 대 고 심
臥病衰身難對面 와 병 쇠 신 난 대 면	佑天再見感非禁 우 천 재 견 감 비 금

상사 꿈 같고 꿈 가운데 찾으니
네 얼굴 은같이 눈에 삼삼히 비치네
이별 후 십 년에 온다는 전보 이르니
돌아와 가까운 날 음성을 듣겠구나
밤마다 늦도록 정담 나누며 즐기고
일각이 삼추같이 기다리는 마음 괴롭구나
병들어 쇠한 몸 만나기 어려웠는데
하늘이 도와 다시 보니 감사함 금치 못하도다

七月旣望 음력 칠월 열엿샛날밤
칠 월 기 망

身病良宵强倚欄 月明樓上臥中看
신 병 양 소 강 의 란 월 명 루 상 와 중 간

秋風稍動靑梢樹 雲影重回紫遠巒
추 풍 초 동 청 초 수 운 영 중 회 자 원 만

午暑未消玆日暮 夕凉已感客衫寒
오 서 미 소 자 일 모 석 량 기 감 객 삼 한

淸江赤壁今猶在 遺賦長吟咏席寬
청 강 적 벽 금 유 재 유 부 장 음 영 석 관

병든 몸 좋은 밤에 겨우 난간에 의지해
달 밝은 다락 위에 누워 보노라
가을바람 나뭇가지 흔들고
구름은 먼 산봉우리 거듭 돌도다
낮 더위 사라지지 않는데 날은 저물고
저녁 서늘한 기운 느껴 나그네 옷 차구나
맑은 강 적벽은 이제 남아있고
남긴 글 읊으니 읊는 자리 너그럽도다

枸杞子
구 기 자

枸杞一株作廣陰
구 기 일 주 작 광 음

惟能數客許涼衿
유 능 수 객 허 량 금

延蔓朱實如珠玉
연 만 주 실 여 주 옥

沉酒幽香斷鬱心
침 주 유 향 단 울 심

구기자 한 그루 넓은 그늘 이루니
능히 두서넛 나그네 시원하더라
넝쿨 뻗어 붉은 열매 구슬 보배 이루고
술 담근 그윽한 향기 답답한 마음 끊도다

偶吟 우연히 읊음
우 음

夕陽山路暮雲生　過客單行勞苦情
석 양 산 로 모 운 생　과 객 단 행 로 고 정

勸士餘程精力盡　願君安着禱神明
권 사 여 정 정 력 진　원 군 안 착 도 신 명

孤鴻飛去何天地　匹馬走征北古城
고 홍 비 거 하 천 지　필 마 주 정 북 고 성

今到鄕山應不遠　眼前林麓白雲橫
금 도 향 산 응 불 원　안 전 림 록 백 운 횡

석양 산길 저물어 구름 나고
홀로 가는 나그네 고달프구나
권하노니 선비님 남은 길 재촉하오
그대여 잘 가도록 신명에게 기도하리다
외로운 기러기 어디로 가고
필마는 옛 성 북쪽 달리노라
이제 이르는 고향 산 응당 멀지 않으리
눈 앞 숲 기슭 흰 구름 비끼네

夢過故鄕 꿈에 고향을 지나다
몽 과 고 향

金烏德載翠峰高 洛東淸江水滔滔
금오덕재취봉고 낙동청강수도도

畦畔長堤楊柳綠 整田平野壤眞膏
휴반장제양류록 정전평야양진고

斜陽延佇程無限 終日步行不感勞
사양연저정무한 종일보행불감로

慣面老婆歡迎對 跨床素酌味甘醪
관면로파환영대 과상소작미감료

금오산 하 덕재산 푸른 봉우리 높고
낙동강 맑은 물 흐르도다
휴반과 장제에 양류 푸르고
정리된 평야 땅 기름지도다
석양에 한참 서 있으니 길은 끝이 없고
종일 걸어도 피로를 느끼지 않노라
낯익은 늙은 할미 기쁘게 맞이하고
평상에 걸터앉아 잔을 드니 술맛이 좋구나

偶吟 우연히 읊음
우　음

我寓非山非野居　鳥聲難聽未看魚
아 우 비 산 비 야 거　조 성 난 청 미 간 어

萬花自發遊招蝶　百鳥喚朋樂與狙
만 화 자 발 유 초 접　백 조 환 붕 락 여 저

賢士歡交開酒宴　勝區詩賦好情舒
현 사 환 교 개 주 연　승 구 시 부 호 정 서

不如一醉渾忘世　終着人生摠共虛
불 여 일 취 혼 망 세　종 착 인 생 총 공 허

내 사는 곳 산도 아니요 들도 아니라
새소리 듣기 어렵고 고기 보지 못하네
일만 꽃 저절로 피어 나비 청해 놓고
일백 새 벗 불러 다람쥐와 즐기네
어진 선비 벗과 주연 열어 즐기고
좋은 곳 시 읊고 좋은 정 펴도다
한번 취해 세상을 잊는 것만 못하고
인생의 종말은 다 빈 것일세

春景 봄의 경치
춘 경

日暖風和萬物萌 일 난 풍 화 만 물 맹	村前阡陌草新生 촌 전 천 맥 초 신 생
麥田綠色氍氈敷 맥 전 록 색 구 전 부	楊柳烟霞帳幕成 양 류 연 하 장 막 성
潭水淸深如鏡影 담 수 청 심 여 경 영	澗流碎石似琴聲 간 류 쇄 석 사 금 성
自然威力眞無限 자 연 위 력 진 무 한	春景精看不勝情 춘 경 정 간 불 승 정

날 따스하고 바람 화하니 만물 싹트고
마을 앞 천맥에는 새 풀 싹트네
보리밭 푸른색은 담요 깐 듯
양류의 연기 끼어 장막 이루었네
못 물 맑고 깊어 거울 그림자 같고
개울물 돌에 부딪혀 거문고 소리로다
자연의 위력은 한이 없고
봄빛 자세히 보니 정말 좋구나

春景 봄의 경치
춘 경

白鷗碧水亂飛白
백 구 벽 수 난 비 백

躑躅青山花欲燃
척 촉 청 산 화 욕 연

今玩佳春南國地
금 완 가 춘 남 국 지

何時盛夏故觀阡
하 시 성 하 고 관 천

백구 푸른 물 위 나니 희고

철쭉꽃은 청산에 살고자 하노라

이제 아름다운 봄 남쪽 땅에서 보고

어느 때 성한 여름 고향에서 볼꼬

春信 봄소식
춘 신

欲聽春信出前川
욕 청 춘 신 출 전 천

得見新芽滿陌阡
독 견 신 아 만 맥 천

近野麥青斑繡畵
근 야 맥 청 반 수 화

遠山靄氣總如燃
원 산 애 기 총 여 연

봄소식 듣고자 앞 내에 나가
새싹이 둔덕에 가득 찬 것 보았네
가까운 들 푸른 보리 아롱진 수 그렸고
먼 산 아지랑이 다 태울 것 같도다

春怨 봄철의 한스러운 생각
춘 원

川邊柳綠鳥聲多
천 변 류 록 조 성 다

山麓花發蝶舞佳
산 록 화 발 접 무 가

岸上抱琴彈別曲
안 상 포 금 탄 별 곡

錦江流水淚添波
금 강 류 수 루 첨 파

냇가 버들 푸르니 새소리 많고
산기슭에 꽃 피니 나비 춤 아름답구나
언덕 위에 거문고 안고 이별곡 타니
금강 흐르는 물 눈물에 물결 더하도다

仲春 봄이 한창일 때
중 춘

吾國江山錦繡新　勝區處處玩春人
오국강산금수신　승구처처완춘인

清風皓月陳心潔　含露紅花絕世塵
청풍호월진심결　함로홍화절세진

院竹霽霖增氣色　窓梅經雪益神伸
원죽제림증기색　창매경설익신신

勸杯咏樂緣非偶　白髮風流意更眞
권배영락연비우　백발풍류의갱진

우리나라 강산에 금수가 새로워
경치 좋은 곳곳에 구경꾼 많구나
맑은 바람 밝은 달 묵은 마음 깔끔히 하고
이슬 머금은 붉은 꽃 세상 티끌 끊었도다
원죽에 장마 개니 기운 빛 더하고
창매가 눈을 지나니 더욱 정신 펴노라
잔 권하고 읊고 즐김이 우연한 인연 아니라
백발에 풍류하니 뜻이 다시 참되도다

早朝散策所懷 이른 아침 산책을 하며 마음에 품은 생각
조 조 산 책 소 회

早起出門客愁新　沿川散策一輕身
조 기 출 문 객 수 신　연 천 산 책 일 경 신

松杉峽逕均濡露　楊柳寒村絶塻塵
송 삼 협 경 균 유 로　양 류 한 촌 절 막 진

吾愛丹心由血性　誰憐白髮亦毛倫
오 애 단 심 유 혈 성　수 련 백 발 역 모 윤

閒居僻地莫云愧　莒廓風霜十歲親
한 거 벽 지 막 운 괴　거 곽 풍 상 십 세 친

일찍 일어나 문을 나오니 객수가 새롭고
내를 따라 산책하니 한 몸이 가볍더라
솔 밭 좁은 길 이슬이 젖었고
버들 마을에 티끌이 없더라
내 사랑하는 단심은 혈성에 말미암음이요
뉘 가련한 백발 역시 털의 뜻 뜻함이라
한가히 벽지에 삶을 부끄럽다 마라
거성의 풍상을 십 년이나 친했노라

晩春 늦은 봄
만 춘

花落晩春樹盛柯
화 락 만 춘 수 성 가

陰晴日暖客尋多
음 청 일 난 객 심 다

騷人墨上詩書樂
소 인 묵 사 시 서 락

愛鳥黃鶯弄舞歌
애 조 황 앵 롱 무 가

늦봄 낙화되니 나뭇가지 무성하고
그늘 개고 날 따스하니 찾는 이 많구나
글 하는 선비들 시서를 즐기고
사랑하는 새 꾀꼬리 춤 노래로 희롱하네

初夏登遠慕齋 첫 여름 원모재에 오르다
초 하 등 원 모 재

槐陰覆地高樓寒 白首閒翁一席團
괴 음 복 지 고 루 한 백 수 한 옹 일 석 단

古洞烟霞斜逕路 阡街楊柳拂馬鞍
고 동 연 하 사 경 로 천 가 양 류 불 마 안

相交還曆簑翁去 常思重想夢未寬
상 교 환 력 사 옹 거 상 사 중 상 몽 미 관

世事紛紛非似意 其中生死至眞難
세 사 분 분 비 사 의 기 중 생 사 지 진 난

느티나무 그늘 땅을 덮으니 높은 루 차고
흰 머리 한가한 늙은이 한 자리 모였네
옛 마을 비탈길 연하 끼고
둔덕 길 양류는 말 안장 터노라
서로 사귄 육십 년 사옹 가시고
항상 생각하고 거듭 생각에 잠 못 이루네
세상일 분분하여 뜻 같지 않고
그중 생사가 지극히 어렵구나

述懷 마음에 품은 추억
술 회

鄕愁偏重月明時
향 수 편 중 월 명 시

垂簾不眠誰有知
수 렴 불 민 수 유 지

若踏夢魂尋故地
약 답 몽 혼 심 고 지

奔馳靈盡野山之
분 치 령 진 야 산 지

향수가 달 밝을 때 많고
발 내리고 잠 못 이룸 누가 알리오
만약 꿈 혼이 고향 땅 밟으면
영이 다하도록 들과 산 달리리라

偶吟 우연히 읊음
우 음

茅屋夜深犬吠聲
모 옥 야 심 견 폐 성

隣翁半醉笑歸程
린 옹 반 취 소 귀 정

月明庭裏閒佇立
월 명 정 리 한 저 립

園樹林梢露滿盈
원 수 림 초 로 만 영

모옥 밤 깊은데 개 짖는 소리
이웃 노인 술 취해 웃으며 돌아오는 길인가
달 밝은 뜰에 한가히 섰으니
뒤원 숲 나뭇가지 끝에 이슬 찼도다

避暑 더위를 피하다
피 서

不堪炎熱陟高臺
불 감 염 열 척 고 대

視野快晴胸豁開
시 야 쾌 청 흉 활 개

暑氣忽然何處去
서 기 홀 연 하 처 거

微風徐襲我衿來
미 풍 서 습 아 금 래

더위를 견디지 못해 높은 대에 오르니
시야 쾌청하여 가슴이 확 트이듯 열리도다
더운 기운 홀연히 어디로 가고
가는 바람 내 옷깃을 엄습해 오도다

暑苦 더위의 괴로움
서 고

鬱鬱心情强出門 無風枝葉一無飜
울 울 심 정 강 출 문 무 풍 지 엽 일 무 번

西岡猿鳥炎勞慌 楊樹群蟬亂聽煩
서 강 원 조 염 로 황 양 수 군 선 란 청 번

若有冷川隣近在 即浸熱體欲聞湲
약 유 냉 천 린 근 재 즉 침 열 체 욕 문 원

尋寧勝地溪邊坐 忘世同朋倒酒樽
심 녕 승 지 계 변 좌 망 세 동 붕 도 주 준

울울한 심정 억지로 문을 나가니
바람 없고 나뭇잎도 하나 움직이지 않네
서강의 원숭이와 새 더위에 지쳐 멍하고
버들 숲 뭇 매미소리 시끄럽네
만약 찬 내 가까이 있으면
곧 뜨거운 몸 담그고 시원한 물소리 듣고자 하네
차라리 승지 찾아 시냇가 앉아
세상을 잊고 벗과 같이 술이나 따를 것을

夏雲 여름 구름
하 운

晴天忽起疊奇峰
청 천 홀 기 첩 기 봉

洽似白綿重積容
흡 사 백 면 중 적 용

觀若雪巒壯觀景
관 약 설 만 장 관 경

遙看草岸羜群逢
요 간 초 안 저 군 봉

청천에 홀연히 첩첩이 기이한 봉우리이니

흡사 흰 솜 거듭 쌓은 듯하다

설만의 장한 광경을 보는 것 같고

멀리 보니 풀 언덕에 양 새끼 떼 만난 듯하네

鄕懷 고향 생각
향 회

寓居堂中夢十年 一無成所白頭憐
우 거 당 중 몽 십 년 일 무 성 소 백 두 련

才癡晩學何修學 志有詩書孰與硏
재 치 만 학 하 수 학 지 유 시 서 숙 여 연

常憶故鄕遙杳漠 頻思浮影繞枕邊
상 억 고 향 요 묘 막 빈 사 부 영 요 침 변

人生萬事如夢爲 吾愛鄕山每踏焉
인 생 만 사 여 몽 위 오 애 향 산 매 답 언

우거한 집에 꿈같이 십 년이고
이룬 바 하나 없이 백발이 슬프다
재주 없이 늦 배움 어떻게 학문을 닦으며
뜻은 시서에 있으나 누구와 더불어 연마할고
항상 생각하는 고향 멀고 아득한데
자주 생각이 떠올라 침변에 감도네
인생 만사가 꿈같이 되면
내 사랑하는 고향 산 매양 밟으리

光復節
광 복 절

桑海苦難三六年
상 해 고 난 삼 육 년

復光再建卌歡延
복 광 재 건 십 환 연

許多亂局穿隃族
허 다 란 국 천 유 족

百步成長發展聯
백 보 성 장 발 전 련

나라 없어져 고난의 삼십육 년

광복 재건 사십 년 기쁘게 맞네

허다한 어려운 고비 뚫고 넘은 겨레

백 보 자라나고 또 발전 길 이어졌네

光復四十年
광 복 사 십 년

光復卅年苦樂多
광 복 십 년 고 락 다

江山四變別山河
강 산 사 변 별 산 하

物文發展丕如海
물 문 발 전 비 여 해

國勢伸長世界羅
국 세 신 장 세 계 라

광복 사십 년 고락이 많았고
강산이 네 번 변해 별 강산 되었네
문물의 발전은 바다같이 크고
국세는 뻗어서 세계에 걸쳤네

白露會
백 로 회

數行書札忽臨門　古郭秋聲樹木存
수 행 서 찰 홀 임 문　고 곽 추 성 수 목 존

五穀漸黃黃滿野　墻匏花白白糚村
오 곡 점 황 황 만 야　장 포 화 백 백 장 촌

露縈凉氣盈新浦　雲繫愁心入舊園
로 영 량 기 영 신 포　운 계 수 심 입 구 원

人倚樓頭詩賦樂　達城佳景接仙源
인 의 루 두 시 부 락　달 성 가 경 접 선 원

두어 줄 편지 홀연 문에 이르니
옛 성곽 가을 소리 수목에 있도다
오곡이 누러 가니 누른 빛 들에 차고
담장 흰 박꽃 마을을 희게 단장했네
이슬에 엉킨 서늘한 기운 포구에 찼고
구름에 매인 수심 구원에 들도다
사람이 루 머리에 의지해 시를 즐기니
달성의 좋은 경치 선원에 접했도다

又 또
우

一葉招章忽到門 秋風消息樹梢存
일엽초장홀도문 추풍소식수초존

清谿盛草貧寒巷 茅屋圓匏富裕村
청계성초빈한항 모옥원포부유촌

憶弟望山便坐榻 思鄉步月佇看園
억제망산변좌탑 사향보월저간원

世間萬物其根有 千里長江碧澗源
세간만물기근유 천리장강벽간원

한 잎 초장이 문에 이르니
가을바람 소식이 나무 끝에 왔구나
맑은 골짜기 무성한 풀 빈한한 구렁이요
모옥의 둥근 박 부유한 마을이라
아우 생각에 산을 바라보고 평상에 앉았고
고향 생각에 달과 걸음하며 한참 서서 뒤원을 보도다
세상 만물에도 근원이 있으니
천 리 긴 강 푸른 시내가 근원이라

送舊迎新 한해를 보내고 새해를 맞이하며
송 구 영 신

除夜鐘聲歲暮深
제 야 종 성 세 모 심

元朝旭景瑞光臨
원 조 욱 경 서 광 임

屠蘇名酒新年祝
도 소 명 주 신 년 축

忘老將來太喜心
망 로 장 래 태 희 심

제야 종소리에 해는 저물어 깊고

새 아침 해 돋는 광경 서광이 임하도다

도소 명주로 새해를 축하하니

늙음 장차 옴을 잊고 크게 기쁜 마음이라

雪景
설 경

白雪盈坤天地明　無塵山野一看平
백설영곤천지명　무진산야일간평

孤村樹木成花巷　千里京鄕築玉城
고촌수목성화항　천리경향축옥성

深壑萬林飛鳥絶　繁都街路少人行
심학만림비조절　번도가로소인행

琴江風月森羅皓　對酌寒筵暖氣生
금강풍월삼라호　대작한연난기생

백설이 땅에 차니 천지가 밝고
티 없는 산과 들이 평평히 보이더라
고촌의 수목이 꽃을 이룬 구렁이요
천 리 경향에 옥성을 쌓도다
깊은 구렁 일만 숲에 나는 새 없고
도시의 거리에는 행인이 적구나
금강 풍월이 삼라에 희고
대작하는 찬 자리 따스한 기운 나노라

待春 봄을 기다림
대 춘

雪髮飄飄又雪加　酷寒長久迎春遐
설 발 표 표 우 설 가　혹 한 장 구 영 춘 하

朔風猛勢何時盡　梅信傳來早我家
삭 풍 맹 세 하 시 진　매 신 전 래 조 아 가

琴水結冰遲晩解　公山西麓夕陽斜
금 수 결 빙 지 만 해　공 산 서 록 석 양 사

冷乎委縮諸雄老　待望東皇到載霞
냉 호 위 축 제 웅 로　대 망 동 황 도 재 하

흰 머리 펄펄 날리는데 또 눈을 더해
혹한이 오래 가니 봄맞이 늦겠네
삭풍 사나움 언제나 다할고
매화 소식 우리 집에 일찍 가야지
금호강 얼음 더디 풀리고
팔공산 서쪽 기슭 저녁 빛 비끼네
춥다고 쭈구린 모든 늙은이
동황 노을 싣고 오기만 기다리네

架山城月 가산산성의 달
가 산 성 월

古 郭 空 虛 數 百 年
고 곽 공 허 수 백 년

城 頭 照 月 幾 回 連
성 두 조 월 기 회 련

遊 筵 盤 石 肝 圓 滿
유 연 반 석 오 원 만

深 夜 山 頂 有 孰 延
심 야 산 정 유 숙 연

옛 성 비었는데 몇백 년인고

성 머리 비친 달 몇 회나 연했는지

노는 자리 반석에 밝은 달 둥글게 찼는데

깊은 밤 산마루에 누가 있어 맞을고

琴湖月 금호의 달
금 호 월

與朋作伴到江頭　　日暮琴湖水自流
여 붕 작 반 도 강 두　　일 모 금 호 수 자 류

明月無聲投擲入　　水波不興影圓浮
명 월 무 성 투 척 입　　수 파 불 흥 영 원 부

鄕愁千里賓心起　　世事忘想睡白鷗
향 수 천 리 빈 심 기　　세 사 방 상 수 백 구

夜寂猶遊玆二老　　吟詩傾酒暫閒偸
야 적 유 유 자 이 로　　음 시 경 주 잠 한 투

벗과 더불어 짝지어 강두에 이르니
날 저문 금호강에 물은 저절로 흐르네
명월이 소리 없이 던져 드는데
물결도 일지 않고 그림자 둥글게 떴네
향수 천 리 나그네 마음 일고
세상일 생각 잊고 백구 졸도다
밤 적적한데 노는 이 두 늙은이
시 읊고 술 기울이며 잠시 한가함을 얻도다

海印寺
해 인 사

高速快車到寺門 고 속 쾌 차 도 사 문	堂前階滑過多痕 당 전 계 활 과 다 흔
座僧似佛經文誦 좌 승 사 불 경 문 송	幽鳥啁鳴若梵言 유 조 주 명 약 범 언
峀滿白雲飛上頂 수 만 백 운 비 상 정	澗流淸水響岩根 간 류 청 수 향 암 근
景佳陶醉觀光客 경 가 도 취 관 광 객	讚歎携來倒酒樽 찬 탄 휴 래 도 주 준

고속의 쾌한 수레 절 문 이르니
당 앞 계단 미끄러워 많이 지난 자취로다
좌승은 부처같이 경문 외우고
유조의 울음소리 범어 같구나
산골에 찬 구름 산 위로 날고
시내 맑은 물 바위 밑에 소리 나네
아름다운 경치 취해 보는 나그네
감탄하며 갖고 온 술 기울이네

次登達城公圓韻 등달성공원 운에 따라
차 등 달 성 공 원 운

南國名區似畵城　探眞杖屐幾相迎
남 국 명 구 사 화 성　탐 진 장 극 기 상 영

靑天萬里遙歸鴈　斜日池塘亂舞蜻
청 천 만 리 요 귀 안　사 일 지 당 난 무 청

把酒古墟今士樂　吟詩咏月袒餘生
파 주 고 허 금 사 락　음 시 영 월 단 여 생

仲秋物色多憐感　往事回想不勝情
중 추 물 색 다 련 감　왕 사 회 상 불 승 정

남국 명구 그림 성 같네
탐진하는 손 몇이나 서로 맞았는가
푸른 하늘 만 리 먼 기러기
석양 지당에 난무하는 잠자리라
술을 갖고 고허에 이제 선비 즐기고
시를 읊고 달을 읊어 여생을 즐기노라
중추 경치는 느낌이 많고
지난 일 회상하니 못 견딜 정이라

偶吟 우연히 읊음
우 음

莒城南畔觀音緣 거 성 남 반 관 음 연	君與居諸送老年 군 여 거 제 송 로 년
徧踏靑山望月立 편 답 청 산 망 월 립	逍遙錦水臥江邊 소 요 금 수 와 강 변
世愁皆忘歡談笑 세 수 개 망 환 담 소	爲樂咏詩醉卽眠 위 락 영 시 취 즉 면
長夜寒燈黃卷讀 장 야 한 등 황 권 독	送風砧聞說閒然 송 풍 침 문 설 한 연

거성 남쪽 관음동에 인연 맺어
그대와 더불어 살며 노년을 보내노라
청산을 두루 돌아 달을 보고 서고
금수에 소요하고 강변에 누웠노라
세상 근심 다 잊고 환담하며 웃고
즐거움을 위해 시를 읊고 취하면 자노라
긴 밤 등 아래 책을 읽고
바람 타고 들려오는 다듬이 소리에 한가로움 달래도다

偶吟 우연히 읊음
우 음

浮生新句覓留樓 殘燭空房夜未休
부 생 신 구 멱 루 류 잔 촉 공 방 야 미 후

時到西風寒氣促 遠飛北塞鴈聲愁
시 도 서 풍 한 기 촉 원 비 북 새 안 성 수

莒川城下孤羇客 觀洞寓中獨老憂
거 주 성 하 고 기 객 관 동 우 중 독 로 우

何處江山如錦繡 招朋携酒欲豪遊
하 처 강 산 여 금 수 초 붕 휴 주 욕 호 유

부생이 신구를 찾아 루에 머무니
잔촉 공방에 밤잠 못 자네
때때로 불어오는 서풍 한기를 재촉하고
멀리 북변 나는 기러기 소리 슬프구나
거성 성하 외로운 나그네
관음동 우거에 홀로 늙음 근심하노라
어느 강산 금수 같은고
벗 불러 술 갖고 놀고저

閑寂村老 한적한 촌 늙은이
한 적 촌 로

山下茅廬日氣和　莒城隱士客懷多
산 하 모 려 일 기 화　거 성 은 사 객 회 다

雙犬吠月村中海　隻鴈驚霜嶺外河
쌍 견 폐 월 촌 중 해　척 안 경 상 령 외 하

閑老傾杯餐杞菊　自傷孤夢繫藤蘿
한 로 경 배 찬 기 국　자 상 고 몽 계 등 라

西風吹散殘餘雪　寂寞心情放一歌
서 풍 취 산 잔 여 설　적 막 심 정 방 일 가

산 밑 모옥에 일기 화하니
거성 숨은 선비 객회가 많고나
쌍견 달 보고 짖으니 마을이 바다 같고
외기러기 서리에 놀라 재 너머로 가네
한가한 늙은이 잔 들고 기국을 안주 하니
스스로 상한 꿈 등라에 매였도다
서풍 불어 잔설 흩어지니
적적한 심정 한 노래 부르네

死遺名 죽어 이름을 남긴다
사 유 명

晩冬天氣漸高清 强力風難破意城
만 동 천 기 점 고 청 강 력 풍 난 파 의 성

救國靈魂猶不死 銘碑遺馥世還生
구 국 령 혼 유 불 사 명 비 유 복 세 환 생

靑山虛谷群雲起 荒野欲遮怨雪晴
청 산 허 곡 군 운 기 황 야 욕 차 원 설 청

誰識閑翁歸隱居 傍人莫道此人名
수 식 한 옹 귀 은 거 방 인 막 도 차 인 면

늦겨울 날씨 점차 높고 맑은데
강한 바람이 뜻의 성은 파하기 어려우리
나라 구한 영혼 오히려 죽지 않아
비에 새긴 끼친 향기 세상에 환생했도다
청산 빈 골짜기 뭇 구름 일고
황야를 가리고자 하는데 원망스러운 눈 개도다
뉘가 알리요 한 옹이 돌아가 숨어 사는 것을
곁 사람은 이 사람의 이름을 말하지 말라

偶吟 우연히 읊음
우 음

莫怪川邊獨步頻
막 괴 천 변 독 보 빈

每由詩興欲尋新
매 유 시 흥 욕 심 신

有時萬事渾忙裡
유 시 만 사 혼 망 리

揮杖鼻吟自得人
휘 장 비 음 자 득 인

냇가를 자주 혼자 걷는다고 개의치 마라

매양 시흥을 말미암아 새것을 찾노라

때로는 만사 바쁜 가운데

작지 흔들며 콧노래 부름을 자득한 사람이라네

春遊 봄놀이
춘 유

春氣和暢又日晴　偶逢舊友共深情
춘 기 화 창 우 일 청　우 봉 구 우 공 심 정

山村院裡花爭發　錦水湖邊鴈帶聲
산 촌 원 리 화 쟁 발　금 수 호 변 안 대 성

誰有請招來此地　誘牽佳景到高城
수 유 청 초 래 차 지　유 견 가 경 도 고 성

吟詩味盡多幽興　仙士閑懷處處生
음 시 미 진 다 유 흥　선 사 한 회 처 처 생

봄 기운 화창한데 또 날은 개고
우연히 만난 옛 벗 같이 정이 깊도다
산마을 원리에 꽃 다투어 피고
금수 호숫가에 기러기 떼 소리 들리고
누가 초청이 있어 여기 왔는가
가경에 이끌려 높은 성에 이르렀도다
음시와 많은 유흥이 다하지 않았는데
선비의 한회가 곳곳에 생기도다

遊於松林寺 송림사에서 놀다
유 어 송 림 사

春友名區意思同　亭中諸事任東風
춘 우 명 구 의 사 동　정 중 제 사 임 동 풍

柳枝綠陌垂漁釣　躑躅青山欲嬈紅
류 지 록 맥 수 어 조　척 촉 청 산 욕 요 홍

絶壁淨臺吟客榭　松林幽處釋伽宮
절 벽 정 대 음 객 사　송 림 유 처 석 가 궁

相逢佳樂胸衿豁　白髮情談與子通
상 봉 가 락 흉 금 활　백 발 정 담 여 자 통

봄 벗 명구에는 의사가 같고
정자 가운데 일은 동풍에 맡겼도다
버들가지 푸른 둔덕에 낚시질하고
척촉은 청산에 붉고자 하였구나
절벽 고요한 대는 음객의 정자요
송림 그윽한 곳은 석가의 집이네
서로 만나 즐기니 가슴이 확 트이는 것 같고
백발 정담에 자네와 더불어 통하도다

登龜首 귀수에 오르다

등 귀 수

探新龜首杖移之 遠眺胸中空萬思
탐 신 귀 수 장 이 지 원 조 흉 중 공 만 사

啼鳥閑聲山寂寂 落花景裡日遲遲
제 조 한 성 산 적 적 락 화 경 리 일 지 지

相逢草席情杯酒 更座夕陽咏雅詩
상 봉 초 석 정 배 주 갱 좌 석 양 영 아 시

春節風流猶未洽 後分秋露好遊期
춘 절 풍 류 유 미 흡 후 분 추 로 호 유 기

새로움 찾아 귀수에 작지 옮겨 가니
멀리 바라보는 가슴은 일만 생각이 비었도다
우는 새 한가한 소리 산은 적적하고
꽃 떨어지는데 날은 더디고 더디구나
서로 만난 풀 자리에 정배가 돌고
다시 석양에 앉아 시를 읊도다
봄철 풍류가 미흡한데
뒤 가을 이슬 잘 놀 때를 기약하도다

不寐 잠을 이루지 못함
불 매

轉輾春宵鷄未鳴
전 전 춘 소 계 미 명

更燈書讀待晨明
갱 등 서 독 대 신 명

何由無憶渾無寐
하 유 무 억 혼 무 매

英育生涯感慨情
영 육 생 애 감 개 정

궁글궁글 봄밤 닭은 안 우는데
다시 등을 밝혀 글을 읽으며 새벽을 기다리네
무슨 까닭인지 생각도 없는데 잠이 안 오고
영육 평생이 감개무량한 정이네

暮春會遊 늦봄에 모여서 유람을 한다
모 춘 회 유

柳綠花紅日又晴　莒城南畔暮春成
류 록 화 홍 일 우 청　거 성 남 반 모 춘 성

名區別界多賓客　舊誼尤深似弟兄
명 구 별 계 다 빈 객　구 의 우 심 사 제 형

花發杏家和氣重　雲開桃里午風輕
화 발 행 가 화 기 중　운 개 도 리 오 풍 경

歡談笑裡斜陽晚　時酒相酬未盡情
환 담 소 리 사 양 만　시 주 상 수 미 진 정

버들 푸르고 꽃 붉은데 날이 또 개고
거성 남반에 저문 봄 이루었네
좋은 곳 별계에 손님이 많고
옛 정 더욱 깊어 형제 같도다
꽃 핀 살구 집에 화기가 무겁고
구름 열린 복숭아 마을에 낮 바람 가볍네
환담하고 웃는 가운데 사양이 늦고
시와 술 응수가 다하지 않은 것 같도다

穀雨會(達城)
곡 우 회 달 성

聳立孤城燦古今 滄桑幾度史藏深
용 립 고 성 찬 고 금 창 상 기 도 사 장 심

騷人畵客華春寫 豪士文章悅錦林
소 인 화 객 화 춘 사 호 사 문 장 열 금 림

樹下寘樽酬白髮 樓中覓句咏丹心
수 하 치 준 수 백 발 루 중 멱 구 영 단 심

林間盡日風流席 不覺斯筵夕影侵
림 간 진 일 풍 류 석 불 각 사 연 석 영 침

높이 솟은 외로운 성 찬란한 고금
상전벽해 몇 번이냐 그 역사 깊이 간직했네
시인과 화객이 화려한 봄을 묘사하고
호걸 선비와 문장이 금림을 즐기노라
나무 밑에 두루미 두고 백발이 수작하고
루 가운데 시 지어 단심을 읊도다
숲 사이 날이 다하도록 풍류 자리에
깨닫지 못한 자리에 저녁 그림자 침노하네

八公山
팔 공 산

夢裏優遊勝地回 循還南北路新開
몽 리 우 유 승 지 회 순 환 남 북 로 신 개

奇岩絶壁如屛立 綠樹淸流似畵哉
기 암 절 벽 여 병 립 록 수 청 류 사 화 재

欲洗俗心尋別界 昇機倚身白雲臺
욕 세 속 심 심 별 계 승 기 의 신 백 운 대

群人男女着春樂 至老空悲日月催
군 인 남 녀 착 춘 락 지 로 공 비 일 월 최

꿈속에 잘 놀고 승지를 도니
순환도로가 남북으로 새로 열렸구나
기암절벽이 병풍처럼 섰고
푸른 나무 맑은 흐름은 그림 같도다
속된 마음 씻으러 별계를 찾아
개울가에 몸을 의지하고 백운대에 올랐다
뭇 사람 남녀가 봄 즐기는 것 보고
뜻 있는 늙은이 공연히 세월 재촉함을 슬퍼하도다

暮春 저문 봄
모 춘

暮春天地又靑天　大野東頭草色連
모 춘 천 지 우 청 천　대 야 동 두 초 색 련

桃李百花其一勢　茂林繁葉此千權
도 리 백 화 기 일 세　무 림 번 엽 차 천 권

可憐蝴蝶紅葩宿　樂喜黃鶯綠樹延
가 련 호 접 홍 파 숙　락 희 황 앵 록 수 연

花落盛枝風又暖　騷人行客柳陰緣
화 락 성 지 풍 우 난　소 인 행 객 류 음 연

저물어 가는 봄 천지에 또 하늘이 푸르고
큰 들 동쪽 머리 풀빛이 연했구나
도리와 백화가 그 한 세라면
무성한 숲과 잎은 이 일 천 권세리라
가련한 나비 붉은 꽃송이에 자고
즐거워하는 꾀꼬리 녹수가 맞이하네
꽃 떨어지고 잎 성한 가지 바람 또 따뜻하니
시인과 나그네가 버들 그늘을 인연 했더라

初夏 초여름
초　하

曉起輕身進大廳 효 기 경 신 진 대 청	開簾花落綠盈庭 개 렴 화 락 록 영 정
可憐似雪吾頭白 가 련 사 설 오 두 백	眞羨如藍汝葉靑 진 선 여 람 여 엽 청
無爲蒼生虛送歲 무 위 창 생 허 송 세	愧哉衰老咏詩經 괴 재 쇠 로 영 시 경
親知已去尋來少 친 지 이 거 심 래 소	不願塵喧盡日扃 불 원 진 훤 진 일 경

새벽에 일어나 대청에 나아가
주렴 여니 꽃 떨어지고 푸른 잎 뜰에 찼구나
가엽다 눈 같은 내 흰 머리
부럽다 쪽 같은 너의 푸른 잎이여
하는 것 없이 창생은 세월만 헛되게 보내고
부끄럽다 늙은이가 시 읊는 것
친지 이미 가고 찾는 이 적어
시끄러움이 싫어 종일 사립 닫고 있네

鬪病 병마와의 싸움
투 병

臥病以來活未明 幸惟起居自由營
와 병 이 래 활 미 명 행 유 기 거 자 유 영

朝霞散策川邊步 夕照徘徊岸路征
조 하 산 책 천 변 보 석 조 배 회 안 로 정

鶴舞翠松爲誰戲 鶯歌柳幕慰吾情
학 무 취 송 위 수 희 앵 가 류 막 위 오 정

風流好樂心愁忘 俗世塵喧我不爭
풍 류 호 락 심 수 망 속 세 진 훤 아 불 쟁

병으로 누운 이후 삶이 밝지 못하고
다행히 기거는 자유롭게 하네
아침 나우리 천변을 산책하고
저녁 때는 방천길 돌아다니네
학 춤 푸른 솔 뉘를 희롱하는고
버들 숲 꾀꼬리 노래는 나를 위로하네
풍류를 좋아하니 마음 시름 잊고
속세의 시끄러움은 내 상관 않네

人生
인 생

身似浮萍任世波　　那聽親友永別歌
신 사 부 평 임 세 파　　나 청 친 우 영 별 가

一生一死天司壽　　百苦千忙我事多
일 생 일 사 천 사 수　　백 고 천 망 아 사 다

世有至情眞未感　　人無淸德恨嘆何
세 유 지 정 진 미 감　　인 무 청 덕 한 탄 하

山河種毓常看樂　　歲月煩惱這裡過
산 하 종 육 상 간 락　　세 월 번 뇌 저 리 과

이 몸이 부평 같아 세파에 맡기니
어찌 친우의 영별가를 들으리
나고 죽는 건 하늘이 맡은 수요
모든 괴로움 내 일에 많구나
세상의 지극한 정 느끼지 못함이 있다면
사람에 청덕 없음을 한탄한들 어쩌리
산하 종육을 항상 보고 즐기면
세월과 번뇌 이 가운데 지나가리

雨後會遊 우후의 모임
우 후 회 유

新綠琴湖一廣臺 霖晴淨處好筵開
신 록 금 호 일 광 대 림 청 정 처 호 연 개

忽逢暢日和容客 相拐名區曳杖來
홀 봉 창 일 화 용 객 상 괴 명 구 예 장 래

題景得詩豪氣滿 永吟高唱喜情培
제 경 득 시 호 기 만 영 음 고 창 희 정 배

優遊一日斜陽到 惜別停笻又一杯
우 유 일 일 사 양 도 석 별 정 공 우 일 배

신록에 금호강 넓은 대
장마 갠 정한 곳 좋은 자리 열렸네
홀연히 만난 화창한 날 화한 얼굴의 나그네
서로 이끌어 명구 작지 끌고 오노라
경치 쓰고 시 얻으니 호기에 찼고
길게 읊고 높이 불러 기쁜 정 돋우네
하루 잘 놀고 석양이 이르니
이별 안타까워 작지 멈추고 또 한잔 하노라

偶吟 우연히 읊음
우 음

霖歇荷花夏日長
림 헐 하 화 하 일 장

院中榴樹下幽香
원 중 류 수 하 유 향

忽然不勝鄉愁起
홀 연 불 승 향 수 기

悠望故天夕照光
유 망 고 천 석 조 광

장마 갠 연꽃에는 여름날 길고
원 중 석류나무 밑 그윽한 향기로다
홀연히 향수 이르니 견디지 못하고
멀리 고향 하늘 바라보니 저녁 빛 비치네

凉風 서늘한 바람
량 풍

露白風清萬戶凉
로 백 풍 청 만 호 량

衰翁先感薄衣裳
쇠 옹 선 감 박 의 상

綠陰騷客歸何處
록 음 소 객 귀 하 처

忽念書樓讀書堂
홀 념 서 루 독 서 당

이슬 희고 바람 맑으니 일만 호 서늘하고
쇠한 늙은이 옷 얇음을 먼저 느끼도다
녹음에 놀던 시인 어디로 돌아갈고
홀연히 서루나 독서당이 생각나는구나

莒城隱居 거성에 숨어 살다

거 성 은 거

莒 城 閒 隅 獨 遮 扉
거 성 한 우 독 차 비

俗 世 離 休 訪 客 稀
속 세 리 휴 방 객 희

富 貴 榮 華 非 不 覺
부 귀 영 화 비 불 각

貧 卑 塵 巷 老 來 歸
빈 비 진 항 로 래 귀

患 身 難 望 能 攻 及
환 신 난 망 능 공 급

壯 士 未 隨 氣 倆 [illegible]
장 사 미 수 기 량 비

知 己 鄕 中 人 僅 識
지 기 향 중 인 근 식

我 今 雖 憊 有 時 暉
아 금 유 비 유 시 휘

거성 한가한 곳에 홀로 숨어
속세를 떠나 사니 찾는 이 드물구나
부귀와 영화를 모르는 바 아니나
빈천한 시골에 늙어 돌아가리라
병든 몸 공이 있음을 바라기 어렵고
장한 선비의 기량 따르지 못함이라
시골에 나를 아는 이 적고
내 지금 비록 고달프나 빛날 때도 있으리

玩秋景 추경 구경
완 추 경

為看秋景向東原　廣野清風日氣暄
위 간 추 경 향 동 원　광 야 청 풍 일 기 훤

高濶青天鴻列過　豊疇黃熟稻收繁
고 활 청 천 홍 열 과　풍 주 황 숙 주 수 번

江鷗飛處秋影布　城鳥啼區夕照翻
강 구 비 처 추 영 포　성 조 제 구 석 조 번

白髮星星歸路立　含愁紅葉帶黃昏
백 발 성 성 귀 로 립　함 수 홍 엽 대 황 혼

추경을 보려고 동원을 향하니
넓은 들 맑은 바람 날씨가 따뜻하네
높고 넓은 푸른 하늘 기러기 날고
풍요한 둔덕 누렇게 익은 벼 거두기 한창이라
강구 나는 곳 가을 그림자 펴고
성 새 우는 곳에 저녁 해 번뜩이도다
백발 성성하여 돌아오는 길에 서니
시름 품은 단풍잎에 황혼이 둘렀구나

曉月 새벽달
효 월

窓明夢罷出階昇
창 명 몽 파 출 계 승

曉月霜天夜冷凝
효 월 상 천 야 냉 응

回見深園輝露處
회 견 심 원 휘 로 처

黃花叢裏一螢燈
황 화 총 리 일 형 등

창이 밝아 깨어 나가 계단에 오르니
새벽달 서리 하늘에 밤 찬 기운 엉기었네
깊은 뒤원 돌아보니 이슬 빛나는 곳에
국화 떨기 속에 한 반딧불 있구나

秋雨 가을비
추 우

蕉葉窓前雨跳珠 초 엽 창 전 우 도 주	放情風月百年娛 방 정 풍 월 백 년 오
無緣孤鶴徘三島 무 연 고 학 배 삼 도	有夢尋鷗向五湖 유 몽 심 구 향 오 호
多恨閒雲頻聚散 다 한 한 운 빈 취 산	可憐凡樹自榮枯 가 련 범 수 자 영 고
世間萬事如斯變 세 간 만 사 여 사 변	老友相逢倒酒壺 로 우 상 봉 도 주 호

창 앞 파초 잎에 비 튀어 구슬 되고
풍월에 정 쏟으니 백 년이 즐겁구나
인연 없는 학 삼도를 배회하고
꿈 있는 해오라기 오호 찾아 가노라
한 많은 구름 자주 모였다 흩어지니
가련한 나무 스스로 성하고 쇠하더라
세간 만사 이같이 변하니
늙은 벗 만나 술병을 기울이네

저자와의
협의하에
인지생략

青岡漢詩(二集): 청강한시(2집)

2021년 10월 01일 초판 인쇄
2021년 10월 08일 초판 1 쇄 발행

저　　자 : 백 남 철

발 행 인 : 정 광 식
발 행 처 : **비앤엠북스**
서울시 금천구 가산디지털1로 70 B1-103(호서대벤처타워)
등　　록 2004. 12. 29. / 제313-2004-00298호
전　　화 2627-5710~13, 팩스 2627-5720
홈페이지 www.대학교재.net
이 메 일 bnmbook@daum.net

정가 15,000원　　ISBN 978-89-6821-148-5